U0500763

中华人民共和国史小丛书

主　　编 | 朱佳木
执行主编 | 宋月红

宝钢建设史

荣文丽　著

北 京 出 版 集 团
北 京 人 民 出 版 社

图书在版编目（CIP）数据

宝钢建设史 ／ 荣文丽著. — 北京 ：北京人民出版社，2024.4

（中华人民共和国史小丛书）

ISBN 978-7-5300-0621-4

Ⅰ. ①宝… Ⅱ. ①荣… Ⅲ. ①上海宝钢集团公司—工厂史 Ⅳ. ①F426.31

中国国家版本馆CIP数据核字(2024)第076671号

宝钢建设史
BAOGANG JIANSHE SHI
荣文丽 著

*

北 京 出 版 集 团
北 京 人 民 出 版 社 出版

（北京北三环中路6号）

邮政编码：100120

网　　　址：www.bph.com.cn

北 京 出 版 集 团 总 发 行

新 华 书 店 经 销

北 京 建 宏 印 刷 有 限 公 司 印刷

*

880 毫米×1230 毫米　　32 开本　　6 印张　　100 千字
2024 年 4 月第 1 版　　2024 年 4 月第 1 次印刷
ISBN 978－7－5300－0621－4
定价：36.00 元
如有印装质量问题，由本社负责调换
质量监督电话：010－58572393

序

　　"中华人民共和国史小丛书"是为响应党中央关于在党员干部和广大群众特别是青年学生中加强新中国史学习、开展新中国史教育与宣传的号召，由中国社会科学院当代中国研究所和北京出版集团联合编辑出版的一套新中国史普及读物。

　　中华人民共和国史是指1949年中华人民共和国成立后，中国版图之内的社会与自然的历史。它上承中国近代史，是中国的现代史、当代史，或者说是中国历史的现代部分、当代部分。这一历史至今已有70年，目前仍在继续向前发展。它是中国有文字记载以来的历史中，真正由人民当家作主，且社会最稳定、民族最团结、国力最强盛、人民生活最富裕、经济和科技进步最快的时期。

　　早在新中国成立后不久，便有人研究和撰写新中国史，但严格意义上的新中国史编研，应当说始于中共十一届三中全会后对建国以来若干重大历史问题的总结。从那时起，党和国家陆续编辑出版了大量有关新中国史的文献书、资料书，成立了专事编研新中国史的当代中国研究所和各地编研当地当代史的机构，建立了全国性的新中国史工作者的社会团体和许多学术平台，产生了不胜枚举的新中国史学术成果，也涌现出为数众多的新中国史编研人才。所有这些，都为新中国史编研的持续开展提供了必要条件，奠定了坚实基础。

党的十八大以来，以习近平同志为核心的党中央，对新中国史的学习、研究、宣传给予了前所未有的高度重视。习近平每当讲到党史时，往往把它与新中国史并提。他强调："学习党史、国史，是坚持和发展中国特色社会主义、把党和国家各项事业继续推向前进的必修课。""要认真学习党史、国史，知史爱党，知史爱国。"

2019年3月"两会"期间，习近平在参加全国政协社会科学界与文艺界委员联席会时进一步指出，我们国家在过去70年里发生了翻天覆地的变化，希望大家深刻反映新中国70年来党和人民的奋斗实践，深刻解读新中国70年历史性变革中所蕴藏的内在逻辑，讲清楚历史性成就背后的中国特色社会主义道路、理论、制度、文化优势，更好地用中国理论解读中国实践，为党和人民继续前进提供强大精神激励。

同年7月，中共中央"不忘初心、牢记使命"主题教育领导小组又专门就认真学习党史和新中国史的工作印发通知，要求各地区、各部门、各单位把学习党史、新中国史作为主题教育的重要内容。

党中央对新中国史学习与宣传教育的高度重视，为新中国史编研的进一步开展创造了良好的社会环境，也大大提高了社会对新中国史的关注度和对新中国史书籍的需求。本丛书就是在这种大背景下策划和推出的。

本丛书以展示新中国历史发展的主题、主线、主流、本质为宗旨，以新中国的典章制度和重要事件、人物以及事业发展、社会变迁、历史成就为内容，以新中国史学科的专家、学者为依托，以中等以上文化程度的读者为对象，以学术性、准确性、通俗性相结合为原则，以记叙文为文体，每本书只记述一件事或一个人物，字数一般在10万字左右。

新中国史的内容极为丰富，应写、可写的题目非常之多，但囿于编委会能力所限，第一批书目仅列了100种，计划每年推出10—20本，在五六年内出齐。今后如有可能，我们将会继续编辑出版。

今年是中华人民共和国成立70周年，我们谨以本丛书向70周年大庆献礼，祝愿我们的伟大祖国不断繁荣昌盛，从胜利走向新的胜利！

朱佳木

2019年9月1日

目 录

前　言

钢铁工业作为重要基础原材料行业，在国民经济发展中有着举足轻重的作用，我国一直把发展钢铁工业作为实现工业化的中心环节。1949年新中国成立以来，先后经过"一五"时期、三年"大跃进"时期、国民经济调整时期和十年"文化大革命"时期，尽管在各个历史阶段面临不同的国内外发展环境，但钢铁工业一直受到了党中央和政府的高度重视。到20世纪70年代末期，我国钢铁工业虽然基本形成了比较完整的工业体系，但在生产技术、装备、产品品种和质量上无法满足国民经济发展的需要，落后于发达国家的水平。1978年改革开放前后，钢铁工业作为发展最迫切的行业，率先成为"技术引进"的排头兵，冲在了对外开放的最前沿。宝钢就是我国改革开放后成套引进设备建设的第一个现代化大型钢铁企业。

上海宝山钢铁总厂（简称"总厂"或"宝钢"），决策于中共十一届三中全会以前，1977年1月酝酿筹建，

1978年8月正式立项，1978年12月23日，在十一届三中全会公报发表的同一天，举行开工典礼。尽管在建设过程中出现过抢建、缓建、下马和复建，但是在党中央、国务院的统一部署下，1985年9月15日，宝钢第一期工程如期顺利投产，为宝钢建设开创了良好的开端。在一期工程积极建设过程中，根据党中央的决策，又不失时机地着手二期工程建设，也就是按照原来的设计和规模建设宝钢。1991年6月30日，宝钢二期工程顺利投产，开始生产我国紧缺的汽车用钢、石油管线用钢、造船用钢、轻工家电用钢，在很多品种上填补了空白，顶替了进口。为更好满足国民经济发展需要，提高我国钢铁工业国际竞争力，宝钢开始向千万吨级规模前进，1993年宝钢三期工程拉开建设帷幕，经过7年的建设，于2000年6月全部建成投产。宝钢三期工程建成后，总规模达到年产1100多万吨钢，跻身于世界千万吨级大型现代化钢铁企业行列，综合竞争力开始进入世界一流，使我国钢铁工业现代化程度提升了一大步。

宝钢是改革开放的产物，作为我国钢铁工业推进改革开放的一个窗口，"宝钢建设"成为是否对外开放，以及怎样对外开放的焦点和试验场。宝钢的决策和建设，见证了改革开放思想的酝酿和逐渐成熟，体现了党中央推动中国经济发展的战略思考，体现了社会主义大协作和集中优势办大事的制度优势，从中可以看出党的领导是宝钢建设的有力保障。

宝钢工程建设经历了从计划经济向社会主义市场经济过渡时期，在建设过程中探索形成了独具特色的现代化管理模式，走出了一条"引进—消化—吸收—创新"的钢铁工业技术进步跨越式发展之路。宝钢立足国内，以市场为导向，生产国家急需的、国内钢铁企业难以生产的产品，推动了中国钢铁产品结构升级；放眼世界，宝钢坚持生产"替代进口"原则，生产可供出口的产品，积极融入市场参与全球竞争，提升了中国钢铁工业在全球钢铁业界的竞争力和影响力。宝钢的建设历程和成功实践见证了中国的改革开放之路，同时也为我国改革开放政策的正确性提供了经得起时代检验的历史证明。宝钢的建成投产不仅使我国钢铁工业实现了跨越式发展，而且使我国工业的综合实力上了一个大台阶，有力支撑了我国经济的持续发展。正如邓小平的预言所说，"历史将证明，建设宝钢是正确的"。

宝钢自开始建设以来，在国内外激烈的市场竞争中坚持改革创新，不断提升企业活力，带动了中国钢铁工业做大做强，增强了中国特色钢铁工业现代化发展的道路自信。2016年宝钢和武钢联合重组成立中国宝武钢铁集团，2019年重组马钢，产能规模接近1亿吨，成为我国钢铁行业的"航母"。作为我国改革开放后成套引进设备建设的第一个现代化大型钢铁基地，宝钢的建设对于中国钢铁工业的发展具有里程碑意义。"宝钢之路"为中国快速推进工业现代化提供了道路自信的实证案例，也将为中国进一步改革开放、做大做强做优国有企业提供积极有益的借鉴。

第一章　突破瓶颈：宝钢建设拉开序幕
（1977—1978 年）

　　1976年10月，"文化大革命"结束，中国进入新的历史发展时期，社会主义现代化建设被重新提上最重要的议事日程。然而受十年动乱的影响，钢铁工业作为重要基础原材料行业，成为经济发展的短板。随着思想解放和"走出去"看世界的实践，通过引进技术，建设现代化钢铁厂，以满足国民经济发展需要，缩短与发达国家的差距，成为党中央在社会主义现代化建设新时期发展钢铁工业的新思路。这也是建设宝钢最大的时代背景。1977年1月，上海市和冶金工业部鉴于上海地方钢铁工业长期缺铁，重新提出建设现代化铁厂的建议，为筹建宝钢拉开了序幕。

　　宝钢建设方案经历过了多次调整。经过1977年、1978年两年的调查研究、规划方案、对外谈判、择址勘察、施工准备等筹备，最终，宝钢于1978年12月23日举行了动工典礼，而这一天正是中国当代史上具有转折意义的中国共产党十一届三中全会闭幕后的第一天。

一、钢铁工业成为经济发展的短板

钢铁工业作为重要基础原材料行业，钢铁素有"工业粮食"之称，是工业化的重要支柱，在国民经济发展中有着举足轻重的作用。新中国成立后，为尽快实现由农业国向工业国的转变，以及进一步巩固国防，党中央选择了建立独立完整工业体系和优先发展重工业的发展道路。由于旧中国钢铁工业的遗产远远无法满足中国落后大国实现工业化的需求，因此，钢铁工业理所当然地受到了重视。千方百计地突破钢铁瓶颈，成为新中国成立后的重要任务之一。经过三年国民经济恢复和"一五"计划实施，到1957年年底，以鞍钢为中心的东北工业基地已基本建成，并开始了以武汉钢铁公司和包头钢铁公司为中心的华中和华北工业基地建设。随着国内所有制关系改造的完成和国际形势的变化，中国开始摆脱苏联发展模式，积极探索自身钢铁工业发展之路。三年"大跃进"时期、国民经济调整时期、十年"文化大革命"期间，尽管面临不同的国内外发展环境，但钢铁工业作为国民经济发展的基础产业，一直受到党中央的重视和"偏爱"。经过新中国成立后近30年的发展，钢铁工业虽然具备了一定的实力和基础，形成了比较完整的钢铁工业体系，但是从国内的需求来看，不仅产量不足，而且技术落后，一直是经济发展的瓶颈和薄弱环节。据统计，1949年至1978年钢铁工业共进口钢材5600吨，是我国钢材生产总量的2倍多。尤其是1977年中国掀起新一轮经济建设高潮后，供求缺口更大，不得不靠进口弥补，1978年从国外进口钢材863万吨，比1977年增长64%，相当于当年国内产量的39%。

中国钢铁工业发展规模和技术水平也都远远落后于国际。以1978年为例，中国钢产量为3178万吨，人均产量0.03吨，是世界平均水平的1/8。同期，美国人均产量为0.5吨，日本人均产量为1吨。由于20世纪50年代至70年代中国错过了应用氧气顶吹转炉炼钢、连铸、带钢连轧这三大钢铁工艺革命性技术创新的时机，较长时间固守平炉、模铸、初轧技术，生产装备普遍老化落后，因此在改革开放之初，与日本、联邦德国等钢铁强国在设备和技术上存在着巨大差距。中国的高炉容积一般只有200立方米、300立方米，经过改造后，600立方米、1000立方米的高炉就算大的了。而同时期日本的大高炉已达到4000立方米以上，最大的达5000立方米。钢铁企业主要生产建筑所用钢材，汽车用钢材、家电用板材等都不能生产。1978年，我国平炉钢产量占35.5%，连铸比只有3.5%，低合金和合金钢比例一共只有14.6%，板管带比只有32.2%。吨钢综合能耗高达2.52吨标准煤，钢材的综合成材率只有74%左右。①当时中国钢铁产品的品种结构、生产技术都还远远落后于工业发达国家，例如，与日本相比，中国钢铁工业至少落后20年。1980年1月，邓小平在提到中国钢铁工业与世界发达国家钢铁工业的差距时这样讲道："又如钢，日本差不多一个人一吨钢，美国和苏联是两个人一吨钢。现在欧洲的许多国家，比如法国、英国、西德，大体上也是两个人一吨钢。如果我们达到两个人一吨钢，到本世纪末，就算只有十二亿至十三亿人口，也要六亿吨钢。这不可能，也不必要。如果我们达到一亿或两亿吨钢，那我们也是十二个人或六个人一吨钢。"②

当时，我国钢消费量中的28.4%需要依靠进口，所花费用占国家出口创汇总额的近30%。就在宝钢建设的10年间，即1978年到1987年，我国从国外进口钢铁总量达到1.012亿吨，共花外汇342亿美元。后5年进口的钢材，比前5年增加了1.4倍，平均每年进口量达1400万吨，耗用外汇40多亿美元，这对我们国家是一个沉重的负担。这5年，钢铁工业主要靠挖潜、改造、配套、扩建，平均每

---

① 《中国钢铁工业五十年》编辑委员会编：《中国钢铁工业五十年》，冶金工业出版社1999年版，第65—75页。

② 《邓小平文选》第2卷，人民出版社2008年版，第260页。

年增产钢300万吨，这是一个相当可观的数字，但仍远不能满足国民经济发展的需要。为缓解钢材不足，特别是高档紧俏钢材短缺的局面，新建一个大型钢铁联合企业非常必要。

随着党和国家把工作重心转移到经济建设上来，为满足国民经济发展需要，加快钢铁工业发展被提上了日程。1977年9月重新修订的《1976—1985年发展国民经济十年规划纲要》，提出到1985年要达到全国钢产量6000万吨，重点抓好鞍山本溪、京津唐、武汉、包头、太原、攀枝花、上海、马鞍山、冀东和邯郸等十大钢铁基地的生产建设。这个规划后来被称为"洋跃进"，受到诟病，但反映了当时想把"文化大革命"耽误的时间抢回来，以及为满足国民经济发展需要加快钢铁工业发展的想法。

二、发展钢铁工业的新思路

党的十一届三中全会决定把党的工作重心转移到社会主义现代化建设上来，钢铁工业作为国民经济发展的瓶颈的问题再次凸显出来。在以经济建设为中心及改革开放思想指导下，中央领导层就引进外国先进设备和技术来加快社会主义现代化建设逐步达成共识，将大规模引进国外先进技术作为加快经济发展的重要手段，作为实现现代化的起点。早在1975年邓小平主持整顿时就提出，引进先进技术和先进设备"是一个大政策"①。1977年，邓小平又说，我们要"实行'拿来主义'"，"把吸收外国先进技术作为实现四个现代化的起点"。②1977年7月26日，中央政治局会议听取和讨论了国家计委《关于引进新技术和进口成套设备规划的请示报告》，报告指出：为加快四个现代化的进程，有计划、有重点地引进一批新技术和先进的成套设备，突出解决国民经济中的关键问题，是很有必要的。在1978年3月全国科学大会开幕式上，邓小平第一次明确地把科学技术的地位提高到前所未有的高度，指出："四个现代化，关键是科学技术的现代化"，"没有科学技术的高速发展，也就不可能有国民经济的高速度发展"，"社会生产力有这样巨大的发展，劳动生产率有这样大幅度的提高，靠的是什么？最主要的是靠科学的力量、技术的力量"。③

同时，从1977年下半年开始，中国的领导人开始频繁出访，既有周边邻国，也有东欧社会主义国家，还有自新中国成立以来从无来往的西方国家。从1976年年中到1977

---

① 房维中：《在风浪中前进——中国发展与改革编年纪事（1977—1989）》（1977—1978年卷），第90页；转引自萧冬连：《探路之役：1978~1992年的中国经济改革》，社会科学文献出版社2019年版，第13页。

② 《邓小平年谱（一九七五—一九九七）》（上），中央文献出版社2004年版，第228—236页。

③ 《邓小平文选》第2卷，人民出版社2008年版，第86—88页。

年年中，由中央领导率领的党政代表团公开出访13次，随后的一年间增加到30次，1978年仅副总理和副委员长以上的领导人，先后出访20次，访问的国家达51个。通过出访，中国领导人亲眼见识了中国与发达国家之间的差距，明白了什么是现代化。1978年，74岁的邓小平先后4次出访了7个国家，9月出访朝鲜，他在同金日成会谈时提到，一定要以国际上先进的技术作为搞现代化的出发点。这样频繁的出访，表明了中国走向世界、加强与世界上其他国家交往的态度和立场，也使得中国领导人看到中国同发达国家在经济、科技、管理等方面的差距。万里曾说："改革开放后，到发达国家一看，人家的经济确实发展快。这就使我们深切感到，一定要认真总结自己的经验教训，吸收外国的好经验。"①代表团考察归来后，写出的调查报告，提出的具体建议，对中央高层决策产生了较大的影响。其中，林乎加在1978年7月4日的座谈会讲到9个问题，其中之一是"关键把钢铁搞上去"②。

钢铁工业向来受到党中央的重视，新时期仍然作为发展的"排头兵"走在了前头。1977年9月16日至10月14日，冶金部派出副部长叶志强率团考察日本钢铁工业发展

---

① 《万里文选》，人民出版社1995年版，第181页。
② 武力主编：《中华人民共和国经济史》，中国时代经济出版社2010年版，第639页。

状况及经验。代表团一共考察了12个大的钢铁厂，其中主要是新日铁所属的钢铁厂。回国后，冶金部向党中央、国务院做了汇报，报告强调指出日本的主要做法：其一，依靠进口矿石、煤炭、石油。其二，引进和消化世界上所有国家的新技术、新设备，实行钢铁工业的设备大型化、生产连续化和操作自动化。其三，特别重视技术人员和工人的培训工作。日本钢铁工业正是通过这些做法，"取得了比中国高10倍以上的劳动生产率，能源消耗比中国低1倍左右，产品质量好，成本低，增强了同欧美钢铁工业的竞争能力，也提高了日本机械制造、造船、汽车等行业的竞争能力"。总的意思是把中国钢铁工业搞上去，要利用沿海港口运输、工业基础、市场状况等方面的有利条件，利用国外先进技术和矿石资源，在沿海建大型现代化钢铁企业。"代表团回国的时候，新日铁还送给代表团一套介绍君津制铁所、大分制铁所生产与建设的电影和幻灯片。国务院领导同志看了代表团的报告，看了代表团带回来的电影和幻灯片，认为日本的经验值得借鉴"。[①]这次出国考察的收获，为钢铁工业发展提供了新的思路，即通过引进技术建设一个大型现代化钢铁厂，从而促进全国钢铁工业现代化发展，并赶上世界先进冶金技术水平。

通过引进技术建设一个大型现代化钢铁厂，这是改革

---

① 陈锦华：《国事忆述》，中共党史出版社2005年版，第104—105页。

开放之初，国家加快经济建设的需要，也是党中央结合国内外形势，做出通过引进技术加快推进社会主义现代化这一重大决策的具体体现。1978年2月9日，邓小平出席中共中央政治局会议，在讨论经济时，就指出："引进先进技术，我们要注重提高，这是一项大的建设。关键是钢铁，钢铁上不去，要搞大工业是不行的。引进技术的谈判，要抢时间，要加快速度。要注意国际动态，现在是对我们最有利的时机。总之，要抓紧时间，多争取一年时间都合算。"[1]为了统一领导新技术的引进工作，国务院于1978年5月17日发出《关于成立引进新技术领导小组的通知》，成立了以国务院副总理余秋里为组长、国家经委副主任顾明为副组长的引进新技术领导小组，指出小组任务是统筹提出新技术和成套设备的引进计划，向中央提出有关引进新技术和成套设备的方针、政策及建议等。[2]邓小平一贯积极支持钢铁工业引进先进技术，争取时间，加快发展。1978年9月18日，在听取中共鞍山市委负责同志汇报时，邓小平讲道："世界在发展，我们不在技术上前进，不要说超过，赶都赶不上去，那才真正是爬行主义。我们要以世界先进的科学技术成果作为我们发展的起

---

[1]　《邓小平年谱（一九七五—一九九七）》（上），中央文献出版社2004年版，第267页。

[2]　程中原、李正华、张金才：《实现转折打开新路（1977—1982）》，人民出版社2017年版，第157页。

点。我们要有这个雄心壮志。我们要在技术上、管理上都来个革命，发展生产，增加职工收入。按照经济规律管理经济，一句话，就是要革命，不要改良，不要修修补补。"[1]一个月后，1978年10月，邓小平在访日期间参观了新日铁君津制铁所后，对陪同参观的稻山嘉宽及新日铁社长斋藤英四郎明确表示，希望他们以君津制铁所为原型帮助中国建设一个钢铁厂。[2]

20世纪70年代初，中美关系解冻，中国同日本、西欧国家全面建交，在联合国的席位也得到恢复，中国获得了进入世界主体市场的通道，对外开放的政治平台形成。20世纪70年代末，正是许多发达国家再次进行产业结构调整的时候，美国钢铁工业产钢量从1978年的1.24亿吨，下降到1993年的8700万吨，在这个过程中，逐渐淘汰平炉炼钢，转炉和电炉钢比分别达到62%和38%。日本在第一次石油危机时，经济发展受到巨大冲击，开始主动转型，以实现产业结构从重化工业为主向半导体电子产业为主的转变，日本国内大钢铁厂均不能满负荷生产，钢铁界急于找出路，输出技术、设备的愿望非常强烈。世界钢铁工业处在结构调整和优化过程中，为中国钢铁工业引进技术创

---

[1] 《邓小平文选》第2卷，人民出版社2008年版，第129页。
[2] ［日］稻山嘉宽著，周本军、孙晓燕译：《钢铁帝王稻山嘉宽》，中国经济出版社1992年版，第113页。

造了一个比较好的国际环境。日本急于同中国做生意不用说，西欧各国出于政治和经济双重考虑，也都希望加强同中国的经济合作。1978年5月30日，邓小平同胡乔木等人谈话时讲道："现在的国际条件对我们很有利。西方资本主义国家从它们自身的利益出发，很希望我们强大一些。这些发达国家有很多困难，它们的资金没有出路，愿意把钱借给我们，我们却不干，非常蠢。"[1]

为迎头赶上世界先进冶金技术水平，通过技术引进，建设一个大型现代化钢铁厂，促进全国钢铁工业现代化发展，这是改革开放之初，国家经济建设发展的需要，也是中央对于科学技术在经济建设中的重要性有了进一步认识的结果。同时，国际政治经济形势的变化，世界钢铁工业处在结构调整和优化过程中，也为中国钢铁工业引进技术创造了一个比较好的国际环境。

三、上海提出建铁厂，两次扩大高炉容积

上海钢铁工业成材率高、品种多，是国家调出钢材的重要钢铁基地，但是上海冶金工业发展多年被炼钢缺铁问题困扰，不能充分地发挥作用。1976年，上海生产钢376

---

[1]　《邓小平年谱（一九七五—一九九七）》（上），中央文献出版社2004年版，第320页。

万吨，需要生铁308万吨，其中由上海自己生产的生铁只有91.7万吨，不足需要量的1/3，所缺少生铁，需要从鞍山钢铁公司、本溪钢铁公司等调进。调出生铁，就意味着相应减少调出企业钢和钢材的生产量，影响这些企业的经济效益，因此调拨工作很难做，而且是越来越难做。调进上海的生铁，要占用大量的交通运输能力，还需要高温熔化，耗费焦炭，经济上非常不合理。因此，国家计委、冶金部一直在想办法要早日解决上海的生铁供应问题。

1977年1月，上海市为迅速恢复和发展经济，向中央提出解决困扰上海多年的炼钢缺铁问题。为此，1977年1月下旬，冶金部派出以规划院院长王勋为首的规划小组到上海考察，一星期后，规划小组提出可以在上钢一厂安排建设2座1200立方米高炉。1977年3月5日，冶金部报请余秋里、谷牧副总理，上钢一厂建设2座1200立方米高炉正式立项。但是，由于上钢一厂附近有军用机场，不能建造高超过100米的高炉，于是，在上钢一厂建设2座1200立方米高炉的项目夭折。6月，冶金部在北京民族饭店召开全国重点企业工作会议，其间，时任冶金部部长唐克提出在上海建设2500立方米高炉的设想。7月至9月，规划小组再次到长江口考察，确定在宝山境内的浏河口到石洞口一带建造2座2500立方米大高炉。此时，冶金部副部长叶志强从日本考察回来，建造2座2500立方米大高炉的方案送到叶志强手里，叶志强当即召集陪同考察的专家们对方案进行讨论。"2500立方米高炉在日本已经不是什么大高炉了，日本高炉的容积已经到了5000立方米。"专家们呼吁："不行，最少也得搞3000立方米或4000立方米的高炉！"这样，2500立方米高炉被否定了，炉型再次被加大。2个月后，国家计委、国家建委、冶金部、外贸部联合向国务院写了《关于引进新技术和装备，加速发展钢铁工业的报告》，建议"抢建年产500万吨生铁的上海炼铁厂，引进两座4000立方米高炉及相应的炼焦、烧结成套设备，厂址选在宝山月浦机场，力争1980年建成"。11月下旬，冶金部明确在上海建铁厂，主要从日本新日铁引进技术装备，国内设计由重庆钢铁设计研究院总包。1977年11月25日，李先念副主席批示："原则同意。"接着，中共中央主席、国务院总理华国锋，以及邓小平、汪东兴和5位相关的副总理相继同意。几经周折，上海建高炉终于定案。①这样，从1977年6月提出的2500立方米高炉改为4000立方米高炉。1977年11月24日，上海市成立"上海新钢厂筹建指挥部"，12月5日，上海市革命委员会撤销筹建指挥部，正式成立"上海新建钢铁厂工程指挥部"，由许言任指挥，王国良等9人为副指挥，在市中心人民广场

----

① 欧阳英鹏主编，秦文明撰稿：《宝钢故事（1978—2008）》，上海人民出版社2008年版，第5页。

市人大常委会大楼内办公。自此，工程指挥部正式开展工作。

可以看出，从中央到地方，这时还没有宝钢的影子。"在原冶金部档案里，1977年年底上报中央的抢建和筹建的钢铁厂有3个，其中一个在冀东，抢建1000万吨的特大型钢铁联合企业，这是中国有史以来最大的钢铁企业；第二个是攀枝花第二基地，选址四川某山里一处隐蔽地形；第三个是山西省太古交钢铁基地。在上海，只提出筹建一个炼铁厂为上海各钢厂提供铁水"。[①]

四、方案调整

新建的钢铁厂，一开始主要是为了解决上海钢铁工业的生铁问题，方案所提的炼钢、轧钢设备暂不考虑。后来由于上钢一厂、五厂的转炉仅为30吨级和8吨级，无法用完两座4000立方米高炉所产的热铁水，比较一致的意见是增加炼钢和初轧设备。1977年12月12日，冶金部向国务院副总理李先念、余秋里呈送《关于上海新建炼铁厂，增加炼钢、初轧的请示报告》，认为引进4000立方米大高炉与上海现有小转炉难以配套，首次提出在引进4000立方米高

---

① 欧阳英鹏主编，秦文明撰稿：《宝钢故事（1978—2008）》，上海人民出版社2008年版，第3页。

炉的同时，再建必要的炼钢和开坯设备，提供钢坯给上海市各厂，确定规模为生铁500万吨、钢300万吨。13日，冶金部向国务院提出拟和新日铁技术咨询组商谈的主要问题的请示。国务院领导迅即批复这两个报告，要求"多做调查，考虑周到"，"先听一下外国人的意见也好"；李先念强调，上海这个点不能动摇了，要搞下去，并同意与日方商谈的主要问题。

以冶金部副部长刘学新、基建局副局长兼北京钢铁设计研究院院长王金栋和上海新建钢铁厂工程指挥部指挥许言为主谈的谈判组自12月15日起，在北京饭店与大柿谅（新日铁常务董事）率领的新日铁技术咨询组进行了一系列具体研讨。17日，冶金部部长唐克和副部长叶志强、刘学新与大柿谅在北京会谈。19日，上海市革委会副主任林乎加、陈锦华与来上海的大柿谅会谈。22日，叶志强、外贸部副部长崔群与返回北京的大柿谅再次会谈。大柿谅此次来华最大的成绩就是，说服中国放弃了原来设计的单纯建一个炼铁基地的构想，着力促成了中国在上海单独建一个完整的钢铁联合企业的计划。他形象地劝说，用4000立方米特大高炉的铁水长途运输去支援上钢一厂、五厂的小转炉，犹如大茶壶往小酒盅内倒水，浪费太多，根本不合算。不若在高炉后边再建3个300吨大转炉和配套的初轧机或轧钢机，直接炼成钢，初轧成各种坯材，或直接轧制成材，这样既保证了工艺的先进性和连续性，又建成了一座世界第一流的完全现代化的钢铁企业。大柿谅是个中国通，他深深知道中国钢铁的现状，他在与中国各界的接触中一直在推销着他的观点："单靠老企业改造挖潜的创新能力是有限的，在世界新技术层出不穷的今天，要迎头赶上潮流，必须高起点地引进，引进最新科技成果，在此起点上再进行追踪、赶超。"①

日方认为用大高炉向上海现有的30吨、20吨小转炉供铁水，技术难度甚大，建议再建3座300吨转炉，加上初轧，也可搞连铸，比较经济合理。1977年12月28日，李先念召集有关部委负责人谈上海新建钢铁厂问题，指出：大柿谅提出在高炉后面加上300吨转炉3座和开坯是有道理的。至于搞开坯还是搞连铸可再研究一下。1977年12月，2座4000立方米大高炉、3座300吨转炉，下面配初轧和冷、热连轧设备等，就是这样定下来的。这样，本来要在上海建成一个炼铁厂，仅仅几个月的时间竟变成要建一个中国最大的钢铁工业基地了。

这个钢铁工业基地，最少要花300亿元——中国当年的财政收入才800亿元——10亿人口，每人30元。也就是说，全国人民建钢厂。既然全国人民建钢厂，那么就不应该盯着上海选厂址。为了慎重起见，中央决定国家计委、

———————
① 李春雷：《宝山》，花山文艺出版社2002年版，第33—34页。

建委和冶金、外贸、交通、铁路等部门在全国范围内筛选，前提是仿照日本新日铁，沿海，吃进口矿。

五、重新选址

确定要建现代化钢铁联合企业后，调查组重新启程，走访考察了连云港、天津、镇海、大连等10多个地方。连云港、镇海等地港湾水深，宜建码头，但工业基础和综合能力不足以支撑如此庞大的现代化项目。上海市委、市政府认为这是一个难得的机遇，于是积极争取，将引进的钢铁生产成套设备放在上海。陈锦华回忆："国家决定引进设备建设一个新的钢铁厂后，当时很多地方都争这个项目，河北在争，江苏在争，山东在争，天津在争，都想把这个成套引进的项目放到他们那里。这个时候，中央的态度至关重要。从华国锋开始，到李先念、余秋里，到冶金部部长、计委分管主任，苏振华、倪志福、彭冲、林乎加和我都去做工作。我们到北京就去找他们，他们到上海我们就汇报。我们众口一词地讲，建在上海，请中央放心，我们一定搞好。上海也还是争气的。这件事情做得很及时，如果1977年不做下来，那就谈不上1978年的开工了。"①

---

① 陈锦华：《国事续述》，中国人民大学出版社2012年版，第58页。

引进技术建设一个大型、现代化的钢铁联合企业，不仅仅是为了发展上海钢铁工业，更重要的是要"取得高速度建设现代化钢铁基地的经验，为今后新建自动化、高效率的大型钢铁厂作样板"。①像这样具有20世纪70年代末期世界先进水平的大型联合企业，需要有大体相适应的社会配套水平，否则难以很快达到引进、消化、创新的目的，甚至长期达不到设计能力。与其他地方比较，上海还具有建设大型钢铁联合企业的诸多有利条件：其一，市场条件好，同上海和华东首先是江浙一带的机电、造船、汽车等行业相配套，就地、就近供应，减少运输和损耗，有利于提高社会经济效益。其二，运输条件好，一个年产几百万吨的大型钢铁联合企业，运输量大，产品同需用的原燃料之比是1：3.4，采用水运，成本最低，建在上海的长江口，依江邻海，内外水运都极为方便、经济。其三，上海有较强大的工业基础依托，可以充分发挥上海这个工业基地的作用。上海有一批老企业，有一支熟悉钢铁生产建设的干部、技术人员和工人队伍，技术力量强，管理经验比较丰富，教学、科研单位多，整体科学技术水平比较高，协作条件好。这样可以使引进的钢铁厂做到快建成、快掌握、快消化、快吸收、快翻版、快创新。

---

① 《宝钢志》编纂委员会编：《宝钢志》，上海社会科学院出版社1995年版，第470页。

通过引进技术，利用国外矿石资源，在沿海建设一个大型现代化钢铁厂，从而带动中国钢铁工业发展，是筹建宝钢最大的时代背景。这样，中共中央、国务院从实现我国钢铁工业现代化，推动国民经济进一步发展的全局出发，本来准备立足国内发展钢铁，在冀东建设一座年产1000万吨的中国最大的钢铁基地的思路，开始转向通过引进技术在沿海建设一个现代化钢铁厂。宝钢，就这样开始孕育了。

六、"三委一市一部"的报告

1977年12月中旬，国家计委、国家建委、国家经委、冶金部、交通部、铁道部、水利电力部、煤炭部、外贸部、第一机械工业部、第四机械工业部等（总称"三委八部"）负责人组成规划组，和上海市一起对新建钢铁厂进行深入调研，拟订建厂方案。下旬，上海市委常委听取介绍新建钢铁厂情况，赞同在上海建设大型钢铁厂，要求动员全市力量，全力以赴。12月底，上海市委第三书记彭冲主持会议，确定新建钢铁厂的厂名为上海宝山钢铁总厂。1978年1月6日，"三委八部"的领导与上海市领导一起听取规划方案汇报，接着视察长江航道和矿石转驳选港点浙江绿华山和镇海北仑港，又邀请山东和安徽两省领导共同研究煤炭供应问题，对建设宝钢需要相应安排的配套建设项目一一做了研究，进一步踏勘了金山、浏河、月浦后，同意采用月浦厂址方案，基本同意规划组的初步方案。1月31日至2月10日，由陈锦华任团长、李东冶（时任鞍钢党委书记）为顾问的钢铁工业考察团，应新日铁邀请，赴日考察了君津、大分、八幡等制铁所，为进一步制定宝钢工程总体规划做调查研究。1978年2月14日，中央领导李先念、余秋里、倪志福、王震、谷牧等听取"三委八部"规划组对宝钢建厂规划的汇报。李先念就建设宝钢的重要性、厂址的选择、可能遇到的各种困难和应该注意的问题，做了重要指示，并指出"建设这样大规模的工厂，困难肯定不少。我们应当既看到有利条件，也要把困难估计充分。要把问题摸准摸透，一项一项落实解决。各有关部门和省市要密切协作，大力支持，排除各种困难，切切实实把这项大工程搞好。"[①]

关于厂址选择，在查阅上海港务局提供的资料和实地路勘后，对厂址又做了乍浦、月浦和盛桥三处的比较。乍浦濒临杭州湾，据上海港口建设资料，杭州湾水深-8米、潮差较大、风大浪高、流急，厂区受南风袭击，须建造大型防波堤，工程量大，投资高，建设时间长，且乍浦

---

① 《李先念文选（一九三五——一九八八年）》，人民出版社1989年版，第317页。

距上海市区约90公里，距上海现有主要钢铁厂（一厂、五厂）约112公里。因此，从加快建设速度、与老厂衔接和经营管理上看，均不如在宝山建厂有利。月浦和盛桥场地相邻，同处长江沿岸，条件基本相同，而月浦有旧飞机场（占地3150亩）可以利用，从而少占良田，少拆迁农户，更有利于建厂。权衡再三，确定月浦厂址。建设宝钢的原料从开始就考虑进口矿石，矿石船的吨位太小不合算，一定要10万吨以上的，可是长江口航道浅，10万吨的船进不来，因此必须在上海附近另外找个地方建港口码头。据陈锦华回忆，关于铁矿石码头还有点趣闻，"我们到沿海去找，看了绿华山等海岛。上海市委第一书记、上海市革委会主任苏振华专门调了一艘导弹驱逐舰给我们，就是我们现在在亚丁湾护航的那种军舰。乘坐导弹驱逐舰去找建设钢铁厂所需的码头，古今中外恐怕都没有过。我们乘坐导弹驱逐舰，首先去了绿华山。绿华山的水域很深，负三四十米。但该地有两个不足：一是堆放矿石要有很大的陆地，没有土地，中转的矿石往哪里堆放？另外，绿华山的水域表面看起来很平静，实际上水下面的涌流很大。由于这两个因素，绿华山被否定了。于是我们继续往南开，到达宁波，选上了北仑港。北仑港可以停10万吨到20万吨的船，矿石船停在那里卸掉一半，载重5万吨的船就可以进长江口。北仑港建码头，还可以依托宁波市的建设力量，工程不会耽误。我们到杭州同浙江省委交换意见，看法一致，北仑港作为宝钢进口矿石码头就这样定下来了"[①]。

1978年3月5日，国家计委、国家经委、国家建委、上海市、冶金部（总称"三委一市一部"）向国务院报送《关于上海宝山钢铁总厂的厂址选择、建设规模和有关问题的请示报告》，报告拟定钢铁厂的规模为年产铁、钢各600万吨，建设分三步进行：第一步，建设4000立方米高炉1座、300吨转炉2座、初轧机和140毫米无缝钢管轧机各1套；第二步，增建第二座4000立方米高炉和第三座300吨转炉及连续铸锭机，以及一套1700毫米热连轧板机；第三步，建设1700毫米冷连轧板机。关于建设进度要求，1981年建成第一座高炉、2座转炉和初轧机及无缝钢管轧机，其中第一座高炉力争1980年出铁；1982年建成第二座高炉、第三座转炉和连铸机系统及1700毫米热连轧板机；1983年建成1700毫米冷连轧板机及其他配套项目。《报告》还指出，"上海的工业基础较好，技术力量较强，工人的实践经验较多，在上海抢建这个钢铁厂，不仅速度可以加快，而且作用也是很大的，效果也是好的。同时，可以取得高速度建设现代化钢铁基地的经验，为今后新建自

---

① 陈锦华：《国事续述》，中国人民大学出版社2012年版，第54页。

动化、高效率的大型钢铁厂作样板"①。国务院于3月11日
批准"三委一市一部"的报告。余秋里在报告上批示：这
个项目已经党中央两次讨论，三次批示。看来这个工程规
模确实很大，我们还没有搞这样大的项目的经验。现在提
出的报告，只是大概，还有许多细致工作要做。在执行过
程中，也还会遇到新问题，只要我们谦虚谨慎，不断总结
经验，认真地抓，完成这项任务的客观条件是具备的。要
下狠心把它搞上去。李先念要求："认真点、科学点、积
极点、稳妥点、慎重点、兢兢业业，少犯错误，一定把这
个项目搞上去。"②

七、遭遇风波

1978年3月底4月初，中央还未正式批准宝钢工程建
设项目时，有人写信给国务院领导反映，宝钢这么大规模
的钢铁厂选在长江沿岸很危险，有可能沉掉，说国外有建
在江边的钢厂曾发生过滑坡沉没的先例，宝钢选的厂址地
势低，长江发大水也可能被淹没。有的说，长江口岸建造
钢铁厂将来要滑坡沉掉的，有的甚至说已发生滑坡了，宝

① 《宝钢志》编纂委员会编：《宝钢志》，上海社会科学院出版社1995年
版，第469—470页。
② 李岚清：《突围——国门初开的岁月》，中央文献出版社2008年版，第
203页。

钢停建了，风波不小，越传越离奇。①对此，中央十分重视，1978年4月23日至5月11日，国家建委、冶金工业部组织全国56名著名专家来到宝钢现场实地调研，对宝钢厂址的地质和地基处理等问题进行重新审议。这次专家会议由国家建委副主任韩光和基建局局长王铁云共同主持。专家们根据厂址的工程地质和水文地质资料、钢铁厂的建设要求和可能采取的地基处理方案，经充分论证后认为：宝钢厂址采取恰当的地基加固处理是可以建设大型钢铁厂的，宝钢厂址可以使用。专家组论证结论上报国务院后，韩光据此向国务院汇报。5月15日，李先念在书面报告上批示："决心已定，可以不再变动。"②就此，中国第一个现代化钢铁厂厂址在上海宝山月浦最终确定。

按照我国当时的基本建设程序，在规划确定后应编报工程计划任务书，经领导机关审批后，作为立项、进行设计和安排建设的依据。在国务院批准"三委一市一部"报告后，1978年5月14日，上海市、冶金工业部联合向国家计委报送《上海宝山钢铁总厂计划任务书》，提出：由国外引进先进技术和装备，在上海高速度、高水平、高质量地建设一个具有70年代世界先进技术水平的大型钢铁联合

① 全国政协文史和学习委员会编：《宝钢建设纪实》，中国文史出版社2007年版，第136页。
② 《李先念年谱》（第5卷），中央文献出版社2011年版，第599页。

企业，厂址定在宝山县月浦地区。工厂规模为年产铁、钢各600万吨；产品方案为薄钢板和无缝钢管，以及供上海市现有轧机用的钢坯。计划任务书还对原料、燃料和辅助材料的供应、主要车间组成、综合利用和环境保护、与现有钢铁厂的结合、生活区和相应的市政设施、主要项目的设计分工、外部协作条件、职工人数、基建投资估算、建设进度、施工和生产准备，以及有关体制问题等做了明确规定。

6月4日至18日，国家建委副主任韩光在上海组织召开宝钢建设第一次协作会，研究落实宝钢配套项目的建设条件、物资供应及外围配套工程的同步建设问题。7月20日，计委、经委、建委印发《关于上海宝山钢铁总厂建设进度的通知》，决定将1978年3月最初拟定的第一座高炉1980年出铁的目标改为1981年年底。1978年8月12日，国务院正式批复《上海宝山钢铁总厂计划任务书》，标志着宝钢这个新中国成立以来最大的工程完成正式立项。同年10月，鉴于国内仿造的1700毫米热、冷连轧板机赶不上进度的要求，又提出2套轧板机改国内翻版制造为引进，为避免与武钢重复，把1700毫米热、冷连轧板机分别改为引进2050毫米热连轧机和2030毫米冷连轧机。至此，宝钢作为一个特大建设项目，正式定型立项。

八、确定开工典礼日期

1978年9月11日，冶金部抽调第五冶金建设公司（简称五冶）5000人，第十三冶金建设公司（简称十三冶）5000人，第十九冶金建设公司（简称十九冶）12000人，第二十冶金建设公司（简称二十冶）8000人，参加宝钢工程建设。15日，基建工程兵00029部队4500人奉命参加宝钢工程建设。10月31日，李先念在中共上海市委彭冲、严佑民、韩哲一等陪同下，视察宝钢工地。他热情地鼓励全工地建设者：努力啊，全国人民对宝钢寄予希望。1978年11月，现场已有几万人，施工的准备工作都摆开了，但是动工时间还没有确定下来。

当时中国和日本签订的长期贸易协定，宝钢是第一个也是最大的一个项目，因此，宝钢的建设，无论对中国还是对日本都是影响巨大的。新日铁对于宝钢能不能按时动工非常关心。据陈锦华回忆："新日铁很着急，一再问我什么时候开工，担心中国会再发生'文化大革命'。因为新日铁跟武钢合作建设一米七轧机就是在'文化大革命'期间，他们对'文化大革命'中发生的停工、武斗印象太深。从他们在现场的总代表一直到大柿谅都来问我，担心再次发生'文化大革命'，担心宝钢开不了工。我最大的问题，就是心里没底，宝钢究竟能不能按时开工？心里没有数。当时，十一届三中全会之前召开的中央工作会议，提的问题太多，讨论了很长时间，新日铁催我们究竟开工典礼能够定在哪一天？我们只能笼统地答应新日铁，宝钢的事情不会变，也不会再发生'文化大革命'。十一届三中全会没结束，在北京开会的上海市委主要领导人都不能参加开工典礼，国务院也不能来人，这很显然是降低了宝钢的规格。我们不断给北京开会的彭冲打电话，问全会什么时候能结束。全会结束的日期不定，我们不敢定开工的日子，也不能正式答复新日铁。中央工作会议结束以后，停了两三天，接着开三中全会。会上彭冲就宝钢一事问李先念、华国锋，中央答应全会结束第二天派国务院副总理谷牧来。这个时候我们才正式通知新日铁，这期间也就是四五天的时间。"①

1978年12月23日，党的十一届三中全会闭幕的第二天，宝钢工程动工典礼在高炉工地隆重举行，谷牧副总理为该工程动工剪彩，彭冲、唐克和国务院有关部委、有关省市负责人出席了典礼，应邀参加典礼的日方代表有稻山嘉宽、斋藤英四郎、佐藤正二等，以及日本金融界、产业界人士、在上海的专家等。

1977年1月，上海市和冶金工业部鉴于上海地方钢铁

① 陈锦华：《国事续述》，中国人民大学出版社2012年版，第60—61页。

工业长期缺铁，重新提出建设现代化铁厂的建议。在国务院有关部委和上海市一起进行调查研究、酝酿建设新厂的同时，派出考察团，对发达国家特别是日本钢铁工业迅速发展的经验和技术进步状况进行考察，1977年年末1978年年初，中共中央政治局和国务院领导进行了两次讨论，做出在上海建设宝钢的决定。经过1977年、1978年两年的调查研究、规划方案、对外谈判、择址勘察、施工准备等紧张的筹备，1978年12月正式动工兴建。宝钢工程的总体决策，是在中共中央、国务院的直接运筹和掌握下进行的。这一决策是我国冶金工业布局上的突破。过去的观念是"开发矿业"，"不搞无米之炊"，我国大型钢铁企业都是建在矿山附近，鞍钢、本钢、包钢、攀钢以至武钢都是如此。宝钢的建设使我国大型钢铁企业从靠近矿山转向靠近市场，并从水路取得国内外两个资源（矿石、煤炭）。历史证明建设宝钢的决策是正确的，但并不意味着没有局部的失误。当时正值十年动乱之后，大家有一种要把耽误掉的时间尽快抢回来的愿望，在建设进程中急于求成，仓促上马，前期工作不够充分，同时对"文化大革命"给国民经济造成破坏的严重程度和国家财政经济状况估计不足，因而动工不久，随着中共十一届三中全会确立的解放思想，实事求是的思想路线深入人心，在整个国民经济实行调整、整顿中，宝钢工程也随之进行了一系列调整。

第二章　一波三折：从停缓建到续建
（1979—1982 年）

中共中央决定，从1979年起用3年时间把各方面严重失调的比例关系基本上调整过来，在国民经济调整的背景下，钢铁工业作为国民经济的重要基础性产业，成为调整的重点领域。宝钢是我国现代化建设中第一个最大的基本建设项目，在国民经济调整中更是备受关注。在党中央、国务院的关怀和统一部署下，在国务院有关部委和上海市委、市政府对宝钢建设的具体领导下，宝钢先后经历了停缓建和续建，其中，从决定"调整、退够、下好"到恢复建设，时间不过半年。经过这次调整，宝钢工程才出现了一期和二期之分，原来没有说要三期，但现场留有余地。分了一、二期之后，可以均匀地进行投资，还可以让一些资金给轻工业等部门。原计划一、二期工程分别于1982年和1984年建成，也因一度停缓，最终分别于1985年和1991年建成。

一、钢铁工业成为国民经济调整的重点领域

粉碎"四人帮"后的两年中，中国经济迎来了振兴和发展的机遇，同时长期形成的国民经济结构比例失调问题也开始暴露出来。农轻重比例严重不合理，1978年基建投资中重工业高达48.7%。十一届三中全会后，中共中央和国务院开始着手对国民经济包括钢铁工业进行调整。1979年1月6日，邓小平指出，我们要从总方针来一个调整，先搞那些容易搞、上得快、能赚钱的，减少一些钢铁厂和一些大项目。1月29日，李先念在冶金工业部《关于把冶金工业尽快搞上去的报告》上批示："这个报告的精神是好的，应予支持，但步子一定要稳，做到既积极又稳妥可靠才好。过去我们在这方面是吃过很大亏的。有些事说起来似乎很有道理，但做起来差距很大，从一个部门或局部来说是有道理的，但从全局一平衡，就不一定能站得住脚。所以，一定要把好综合平衡这个关。开始设想建宝钢只需外汇二十多亿美元，现在听说已增加到五十多亿美元，还打不住，而且生产能力还是六百多万吨。此事如果确实，就很值得认真总结经验教训。"①3月8日，陈云提出当前

① 《李先念年谱》第6卷，中央文献出版社2011年版，第5页。

经济发展比例失调，钢铁工业内部比例失调。[①]3月19日，李先念、陈云在《关于财经工作给中央的一封信》中再次指出："现在的国民经济是没有综合平衡的，比例失调的情况是相当严重的。要有两三年的调整时期，才能把各方面的比例失调情况大体上调整过来。钢的指标必须可靠。钢的发展方向，不仅要重数量，而且更要看重质量。要着重调整我国所需要的各种钢材之间的比例关系。钢的发展速度，要照顾到各行各业发展的比例关系。由于钢的基建周期长，不仅要制订五至七年的计划，而且要制订直到2000年的计划。"[②]3月21日，中央政治局开会讨论经国家计委修改过的1979年国民经济计划和整个国民经济的调整问题，陈云在会议上讲道："按比例发展是最快的速度，过去说，指标上去是马克思主义，指标下来是修正主义，这个说法不对。踏步也可能是马克思主义。""单纯突出钢，这一点，我们犯过错误，证明不能持久。钢太突出，就挤了别的工业，挤了别的事业。""冶金部要把重点放在钢铁的质量、品种上，真正把质量、品种搞上去。"[③]

1979年4月，中共中央召开工作会议，提出了"调整、改革、整顿、提高"的新"八字方针"，并决定1979

---

① 《三中全会以来重要文献选编》（上），人民出版社1982年版，第67页。
② 《三中全会以来重要文献选编》（上），人民出版社1982年版，第69—70页。
③ 《陈云文选》第三卷，人民出版社1995年版，第251—254页。

年起用3年时间进行调整。会议提出，钢铁生产要为轻工业让点路，1985年钢产量指标，原定的6000万吨高了，初步考虑可以按4000万吨左右安排。接着又召开了全国五届人大二次会议，正式决定集中3年时间，对国民经济进行调整、改革、整顿、提高。5月14日，国务院下达经过调整的1979年国民经济计划，钢产量计划目标由3400万吨调整为3200万吨。压缩基本建设规模，1978年全国预算内投资为389亿元，1979年为397亿元，1980年压缩为300亿元。其中冶金工业投资做了较大幅度的削减，在建的大中型项目由1978年的1700多个减少到1980年的904个。

对钢铁工业来说，贯彻这一方针，并不是一件轻松的事。几个月前还在组织新的跃进的钢铁工业如今成了调整的对象，钢铁工业投资（不含宝钢）由原来的28亿元缩减到13.7亿元。所有增加生产能力的项目全部停建，一些增加品种、改善质量的项目也部分停建或拖长了建设周期。这使钢铁工业的部分领导干部思想上一下子转不过弯来。当时，社会上又出现一种舆论，认为今后国民经济应该实行"轻型结构"，钢铁工业应大压缩。有的文章，甚至对列宁提出的优先发展生产资料的理论也提出了质疑，说"苏联也是优先发展轻工业"的，个别同志还对1978年在恢复生产的基础上一年增产800多万吨钢提出了是有功还是有过的疑问。①

为统一认识，1979年7月11日，冶金工业部在全国冶金战线电话会议上就贯彻执行调整、改革、整顿、提高的方针做了部署，会议提出，冶金工业要从全局出发，以大局为重，坚决按国家计划，压缩投资，缩短基本建设战线，腾出资金和煤、电、油以及运输能力，用于发展农业、轻纺工业和加强工业内部的薄弱环节。

1980年1月25日，全国冶金工作会议提出，1980年冶金工业部门要坚持又让又上，全面提高。让，就是服从全局，不争投资，坚决按国家计划压缩冶金工业投资，缩短基本建设战线。上，就是要大力降低能源消耗和其他消耗，用节约下来的原料、材料、燃料努力增加生产。1980年11月15日至30日，国务院召开全国计划会议，调整1981年国民经济计划，其中钢产量由原来的3500万吨减少为3300万吨。1981年3月21日，冶金工业部在北京召开全国冶金工作会议，再次强调要贯彻中央确定的经济上实行进一步调整、政治上进一步安定团结的方针，部署1981年冶金工业的调整任务，冶金工业要转到国民经济的技术改造和生产耐用消费品服务的轨道上来，为整个国民经济结构的调整和改革多做贡献。

---

① 当代中国丛书编委会编：《当代中国的钢铁工业》，当代中国出版社1996年版，第99页。

调整中，首先缩短了钢铁工业基本建设战线。到1980年年底，钢铁工业停建、缓建和销号的单项工程180个，这些项目的总投资为66亿元。基本建设投资从1978年的38.95亿元减到1979年的30.13亿元，1980年又降到30.08亿元，1981年再降到25.24亿元。钢铁工业在建的大中型项目由1980年的51项减到27项。关停了一批产品质量差、成本高和效益低的小高炉和小钢铁厂。这期间，共关停了239个小钢铁厂，占小钢铁厂总数的51%；中小钢铁企业共关停高炉311座，总容积6238立方米。

二、宝钢的压力和调整

宝钢块头大，国家板凳短，宝钢一屁股坐下去就得把别人挤掉，在我国财政十分困难的情况下，宝钢成了万众瞩目的焦点。

在这种情况下，宝钢建设到底怎么办？

在被要求下马的压力下，宝钢对工程建设进度、外汇支出和支付方式等方面做了一系列调整。1979年4月4日，国务院为压缩宝钢建设用汇，指定叶志强、马宾（宝钢工程指挥部副指挥）、周建南（国务院进口办公室主任）、陈锦华等人研究节汇方案，最后形成《关于上海宝山钢铁总厂部分设备留国内制造和外商合作制造的报告》，建议留国内制造设备12万吨，可节约外汇6亿美元。

1979年5月9日，国家计委、国家经委、国家建委、冶金部、外贸部、机械部、中国银行（"三委三部一行"）联合发出《关于宝钢建设工作安排的报告》，对宝钢工程建设做出了以下调整：

第一，修改了宝钢及其配套项目的外汇额度。1978年3月，国家计委、国家经委、国家建委、冶金部和上海市给党中央、国务院的报告中，提出外汇额度共25亿美元。根据1979年4月已掌握的情况，这个数额远远不够。估计需要57亿美元（包括宝钢按671万吨钢建成的全部工程和配套工程，下面均是这个口径）。国家计委和冶金部要求将57亿美元压缩至48亿美元（其中宝钢43亿美元，配套5亿美元）。于是采取了压缩项目的办法，去掉了海水提镁、钢研所、耐火材料等项目，扩大合作制造，增加国内设备分交比重等，将用汇压至48亿美元。并确定采用延期付款方式。

第二，确定了国内投资的数额。经核定，宝钢国内投资为48亿元，加上外部配套22亿元，共70亿元。并确定了分年数额。

第三，调整了进度。总的进度推迟一年左右，争取1984年全部建成；第一座高炉、2座转炉、初轧机和无缝钢管轧机由原定的1981年推迟到1982年，冷、热连轧板机在1983年建成，第二座高炉、第三座转炉在1984年建成。与此同时，国务院财经委也提出：宝钢建设期限必要时可以延长一两年，不要操之过急。

第四，确定了贷款的偿付原则，并向国务院提出13年左右偿清外债的建议。原则确定外汇由国家统一筹措。当时考虑偿还的办法是用宝钢的钢材来顶进口钢材，省下外汇来偿还外债。并建议在还款期间，宝钢免缴税收、利润和基本折旧。如用200万吨钢材顶进口，从1983年算起，13年可偿清，并用2年时间，可偿还外部配套所用的外汇。

第五，确定了1979年、1980年两年需签订的引进合同。

第六，提出了宝钢建设要加强集中统一指挥。为了统一步调、大力协同，建议由国家建委抓总。

第七，将有些不是专为宝钢服务的工程纳入各部门自己的计划，如"长江口整治"，不再作为宝钢项目内的配套工程。

"三委三部一行"的报告确定了宝钢建设初期的一些重大原则，使工程得以顺利进行。例如，关于外汇额度筹措方式及其支付条件和偿还原则得到批准后，未生效的合同开始生效，中断的谈判得以继续进行，对外部配套的内容有了统一认识，各项工作得以顺利开展。[①]

---

① 全国政协文史和学习委员会编：《宝钢建设纪实》，中国文史出版社2007年版，第74页。

三、日本的反应

宝钢项目在日本影响很大，陈锦华提到过"当时的日本经团联的会长土光敏夫有个估计，如果日本帮助中国建设这样一个钢铁联合企业，那么日本的钢铁工业、机械制造业和有关配套的行业都会带动起来，将可能使日本国民生产总值增长2%（我讲的这一点没有看到原始材料，是在日本时听翻译讲的）"[1]。因此，宝钢建设不仅为中国人民所瞩目，也为日本经济界，特别是日本钢铁财阀所关注。1979年2月21日，由于宝钢用汇总数没有统一，贷款支付也没有解决，根据合同第六十四条款精神，中技公司通知新日铁，因未获中国政府批准，双方于1978年12月27日签署的码头及栈桥构筑物、原料处理、炼焦、炼铁、炼钢和除渣初轧等7个设备合同不能如期生效，待签的一大批合同的对外工作也告停顿。

那时候，新日铁驻宝钢事务所认为批准是没有问题的。他们觉得，宝钢工程总指挥就是冶金工业部第一副部长，政府批准是百分之百有把握的。为配合宝钢抢建要求，他们实际上已经在执行合同了。就在这个时候，我国宣布合同暂停生效，确令日方惊奇。这件事在日本

---

① 陈锦华：《国事忆述》，中共党史出版社2005年版，第112页。

引起了很大反响。日本接到中国关于宝钢成套设备洽谈的合同未生效的通知，共同社于1979年2月28日就播发了"日本商社一齐发出照会电报，向中国提出强烈抗议"的消息。《朝日周刊》在谈到日本从宝钢得到好处时写道："如果进一步考虑到宝钢对国内有关行业的波及效果，日本的收益将会更大。当这笔生意做成，日本就有人要发大财。可是，中国通知合同中止，到嘴边肥肉就有可能吃不成了，日本财界对此当然焦急。"1979年4月15日《朝日新闻》在题为《九州企业感到严重不安》的报道中写道："中国通知向中国出口成套设备合同暂时保留生效已经有两个月，新日制铁公司接受为建设上海宝山钢厂这项大型项目的订货中，出口用的建设器材开始出现积压。因'宝山特需'而生产的九州地方企业，焦躁不安地认为，'如果再延期交货，将是一个关系到生死存亡的问题'。"共同社代表日本商社，在1979年2月28日、3月21日、4月14日播发的几个电讯稿中，用激烈的言辞，说宝钢合同的中止，是"无视商业惯例，违反商业常识的做法"。①

合同暂停生效的原因，是我国对日合同货款用现汇支付的能力有问题。中技公司与新日铁经多次接洽，最终就

---

① 郑超然、李长群：《日本新闻界关于"宝钢"问题报道综述》，载于《国际新闻界》1980年第4期。

中国的支付方式问题达成一致，双方于6月15日签署《关于上海宝山钢铁总厂已签成套设备合同会谈纪要》，日方同意在总价不变的情况下，使用分期付款的方式，将原来现汇支付的条款改为卖方信贷，规定合同总价的80%应于交货后的5年内分10期付清，原价维持不变，年息7.25%。此协议生效后，原已签订的第一、二批共7个合同获得中国政府批准，于当天生效。与日方解决支付问题后，其他已签订的合同（自备电厂除外），也均按照延期付款的方式得到了处理。

稻山嘉宽在自传中写道："在宝山钢铁厂的建设过程中，中国开始调整经济建设，因此邓小平对我说：'宝山由于调整会拖延一段的，我说过用现金支付现款的，但现在看来做不到了。'我说：'就让宝山采取日中长期贸易协定规定的那种延期付款方式吧。'为此，有人抱怨中国的政策就象秋天的气候那样变幻无穷。不过，不会进行调整的国家是不行的，因为中国有以邓小平为首的优秀的领导人，才能进行调整。一些发展中国家在身负高额累积债务时，又能获取外汇，原因就是他们进行了调整。"①陈锦华有过这么一段话很能说明问题："至于借外债，也看得简单了，实际上我们多年陶醉于'既无外债，又无内

---

① ［日］稻山嘉宽著，周本军、孙晓燕译：《钢铁帝王稻山嘉宽》，中国经济出版社1992年版，第113页。

债'的境况，不了解外面世界，更不了解西方世界的资本市场情况，对借钱的种种条件都不清楚，结果一旦发生问题便束手无策。后来当我们进行调整，对已签订合同需要支付资金时，才发现告贷无门，便是最好的证明。"①

关于中国国民经济调整的问题，日本前外相大来佐武郎在自传中讲道："部分人认为近年来中国的政策转变幅度太大，而且摇摆较大，对中国的前途表示担心。我认为中国以现代化为目标的基本姿态不会改变，应看到革命的领导人和建设的领导人有质的不同。在中国，革命的领导人势力过于强大，而以专家为中心的建设时期的领导人上台太迟。由于'文化大革命'轻视专家，结果使他们的上台进一步推迟了。现在，中国在社会主义计划之下，正在采用价格机制，寻求适合本国条件的发展方式，也许应该看作是处在反复试验的阶段。我们也要以长远的观点看待中国的发展，尽力予以协助。"②

四、宝钢"只能搞好，不能搞坏"

宝钢的筹建离不开党中央、国务院的关怀和领导，

① 陈锦华：《国事忆述》，中共党史出版社2005年版，第150页。
② ［日］大来佐武郎著，丁谦、吕文忠等译：《东奔西走——一个经济学家的自传》，国际文化出版公司1985年版，第106—108页。

1979年至1982年，在国民经济调整的背景下，宝钢——我国四化建设中第一个最大的基本建设项目，成为焦点。这一时期党中央、国务院更是给予了强有力的领导和深切的关怀。

1979年3月，经党中央讨论决定成立国务院财政经济委员会，由陈云担任主任。陈云出任财经委员会主任后，首先碰到的就是如何妥善处理宝钢建设的问题。

陈云首先在北京了解了许多有关宝钢的情况，还要财经委员会邀请长期从事冶金工业、机械制造工业和经济工作的领导同志进行座谈，听取对宝钢问题的意见。

1979年5月31日至6月6日，75岁高龄的陈云又亲赴上海，到宝钢现场视察与调查。其间，一方面听取上海市委和宝钢工程指挥部等的汇报，一方面直接派人到宝钢现场，进行实地考察和调查研究。陈云还与上钢一厂、三厂、五厂和冶金局的负责同志以及生产专家进行座谈，听取他们对宝钢建设的意见，鼓励大家发表各自的见解，并提出他自己的想法。

陈云明确指出："建设宝钢中央已经定下来了，要搞到底。""只能搞好，不能搞坏。"关于建设周期问题，陈云讲道："我反复考虑，宝钢一、二期工程的距离，能否再拉开些。""我有个简单的感觉，鞍钢1901年开始建设，距今70多年，才搞到600万吨。人家搞了70年，我们

7年建成，虽说有30年经验，但毕竟是一件大事。""时间可否拉长些"，"不要设备安装好了，却出不来东西。要脚踏实地、扎扎实实地搞"。他还讲了怎么处理引进设备和自己制造的关系问题，提出："立足国内的方向是对的。但是，单靠我们这一套，我担心能否很好地搞出来。一个冶金部，一个一机部，我担心这两家。""自己搞，这是个大方针，但是我怕技术练兵，练不起。所以，宝钢这一套，还是要立足国外。""还有，宝钢的全套技术资料要买下来。"

在整个调查研究中，陈云不仅自己看材料、听汇报，还召开座谈会，听取各方面的意见，经分析之后，得出：一是宝钢仓促上马，确有不少考虑不周之处；二是对宝钢建设宣传解释不够，许多同志不了解情况，包括参加座谈会的上海冶金局和上钢一厂、三厂、五厂的代表，也都表示不了解宝钢建设的具体内容和对外谈判的实际情况，因此也会产生某些误解。经过这样反复深入的调查研究，一个明确的决策方案就形成了。①

1979年6月16日，国务院财经委员会召开全体会议，专题讨论宝钢建设问题。会上，陈云、李先念对宝钢建设做了重要指示。同时明确宝钢工程领导体制改为以冶金部

① 《巨大的关怀》编委会编：《巨大的关怀》，中国书籍出版社1993年版，第407页。

为主，上海市参加。陈云在会上谈道："这次财经委员会
全体会议，专门讨论批准宝钢建设问题。宝钢是一个特大
项目，对全国，对上海来讲，都关系很大，有关全局。投
资很大，在200亿元以上，应该说，宝钢是仓促上马的。
这样大的工程，按理应当广泛征求各方面更多人的意见，
用比较多的时间来考虑决定。从开工以后的情况看，工程
进度是好的，施工力量已有5万人，成绩是很大的。现在
工程建设正在进行中，问题已经决定。我们应该从各个方
面再多加考虑，以弥补过去的不足。"接着，陈云具体谈
了8点意见：

（1）干到底。举棋不定不好。

（2）应该列的项目不要漏列。外部协作条件，如
煤、电、运输、码头、机电等等，都要考虑周到。

（3）买设备，同时也要买技术、专利。

（4）要提前练兵，以保证产品质量。

（5）由建委抓总。

（6）宝钢是四化建设中第一个特大项目，只能搞
好，不能搞坏。

（7）冶金部门有带动其他有关部门的责任。

（8）冶金部要组织全体干部对宝钢问题展开一次讨
论，要征求外国专家意见。但是，究竟如何建设，建成后

怎样管理，还得靠我们自己的专家和技术工人。①

从1979年4月底5月初开始，到6月16日提出8点结论性意见结束，历时约一个半月，陈云做了如下描述："在近一个半月中间，我对宝钢如何建设的问题，有过三次反复的考虑。第一次是在看了谷牧同志五月十一日批的那个文件之后，认为应该基本立足于国内，买技术，买专利。关键设备还是要进口。这时，我请一波同志在北京召开座谈会，听听过去搞过钢铁的一些同志的意见。第二次是五月三十一日到上海以后，有个想法：全部进口吧。上海市负责宝钢工程的同志有这样的意见，我也有。我加了一条，买设备的同时，也买制造技术，买专利。第三次是六月六日离开上海时，我最后考虑的意见，还是按照三委、三部和银行报告的意见办。这三次反复，对我来说是很有益处的。"②

陈云在关键时刻深入宝钢调查，基于调查形成国务院财经委员会关于宝钢问题向中央的报告，中央批准了这个报告。此外，宝钢建设实践中还深入贯彻了陈云提出的充分讨论深入调研的方法，并在宝钢建设发展的关键时期产生了很大的影响。比如陈云第八条意见，这里照录如下："冶金部要组织全体干部对宝钢问题展开一次讨论，

---

① 《陈云文选》第三卷，人民出版社1995年版，第260—262页。
② 《陈云文选》第三卷，人民出版社1995年版，第259—260页。

采纳有益的意见。对不同的意见，也要认真听取，目的是
为了把工作做得更好。我主张全国主要的冶金专家都要参
加讨论；而且不只一次，都要参与、接触、关心这件事，
没有什么保密的。我在上海找上钢、五厂和冶金局同志座
谈，他们表示对宝钢的建设不了解。这种状况应该改变。
为什么要请专家来讨论？因为宝钢的技术是七十年代、
八十年代的水平，但是我们要依靠五十年代、六十年代的
专家、熟练的技术工人来建设。建成以后，要依靠他们来
工作，必须提高他们的技术水平。外国专家是要走的，长
期聘请的只是极少数。请外国专家来考察，提意见，这一
点要做。但是，究竟如何建设，建成以后怎样管理，还得
依靠我们自己的专家和技术工人。"[1]根据陈云意见，冶
金部、上海市于1979年8月15日至24日召开有全国冶金系
统专业和上海各界专家19人参加的讨论宝钢建设问题座谈
会。会上提出了许多有益的建议，起了很好的促进作用，
而且弥补了一些因宝钢仓促上马而存在的缺陷。这次会
议，为以后重点工程建设召开讨论会、论证会，逐步搞好
决策科学化和民主化，开了一个良好的先例。同时，邀请
上海各有关方面专家，成立了宝钢顾问委员会，这个委员
会在整个宝钢建设以至生产过程中，一直发挥着有益的咨
询和促进作用。

---

① 《陈云文选》第三卷，人民出版社1995年版，第261—262页。

五、宝钢一期工程的"停缓"

不到一年，宝钢又遇到了下马的阻力。1980年7月，发生了一件惊动中南海的事件——宝钢工地的地下钢桩发生位移。宝钢建设面临下马的压力越来越大，尤其在全国人大五届三次会议期间，各代表团对宝钢提出了质疑。

"1980年9月4日，在五届全国人大三次会议上，北京、天津、上海等5个代表团先后4次向冶金部提出质询，共提了60条意见，主要是：关于建设宝钢项目的决策问题；宝钢建设规模和进展情况；厂址的选择问题，地基是软土层，听说桩基位移，工厂要滑到长江里去，是不是这回事；环境保护问题；进口矿石问题，外国人会不会卡我们；投资问题，宝钢是不是无底洞；宝钢建成后的社会经济效益，能不能13年收回投资。"①

这些问题涉及宝钢项目的决策、厂址选择、环境保护、进口矿石、投资及宝钢建成后主要经济效益预测等。人大代表呼吁宝钢工程下马，《人民日报》连续详细报道了质询过程，一时引起海内外的高度关注。冶金部部长唐克，副部长叶志强、李非平、周传典等，认真回答了代表

---

① 全国政协文史和学习委员会编：《宝钢建设纪实》，中国文史出版社2007年版，第51页。

们的质询，详细介绍了有关的数据。但是代表们仍然不满意，表示要继续关注宝钢的建设工作。

由于长期形成的国民经济比例失调的问题严重，财政连年出现巨额赤字，1979年有赤字170亿元，1980年计划赤字40亿元，实际达到127亿元。同时，货币发行过多，物价上涨，1979年全年平均零售物价比上年上涨了1.9%，1980年又比上年上涨6%，其中城市上涨8.1%，农村上涨4.4%，是近20年来物价上涨幅度最大的。要下决心进一步抓好调整。

当时国家财政极其困难，根本无力支付大量引进项目所需的资金，当时估计宝钢一、二期总投资140亿元，其中外汇40亿美元；到1981年年初论证再度核算，应是240亿元。为什么前后少算了100亿元呢？一是由于外汇折算只按国家牌价计算，未另计外贸部门的加成，就这一笔少算50亿元；二是工厂设备总重量少估了20万吨（实际约70万吨），又差20多亿元；三是因环境保护要求高水平，而国外一般占总投资的10%左右，这笔投资亦未估足；此外，还有一些协作配套单位增加的措施项目需要投资；等等。再加上头两三年边施工边设计，施工费用未受概算控制，实际是实报实销，多花约10亿元。所以，在1980年就有人说，宝钢投资是个无底洞，感到投资控制不住。

1980年11月，国务院召开了全国省长、市长、自治区主席会议和全国计划会议。会议认为，当前的经济形势是大好的，但有潜在的危险，因此，要下决心进一步抓好调整。会议期间陈云、邓小平、李先念对调整1981年国民经济计划做了重要指示，主要内容是：明年基本建设要退够，宝钢、22个成套进口项目，不行就放下来等。根据进一步调整精神，重新调整了1981年的国民经济计划，在制订1981年计划时，宝钢是列为停缓建项目的。会上中央领导口头提到了宝钢和其他引进项目不能继续干下去，要原则上停下来，这就是说宝钢必须下马。"会议刚开完，在宝钢尚未接到国务院和冶金工业部的正式通知时，有的省领导回去就传达了会议精神，而且还准备调本省参加宝钢建设的队伍回去。这样宝钢下马的消息就传开了，在宝钢引起思想混乱，工作波动。"[1]

1980年中央经济工作会议，提出要对国民经济进一步调整，闭幕会上，邓小平指出这次调整是"健康的、清醒的调整"，"在某些方面要后退，而且要退够"。1980年12月23日晚，国务院主要领导主持召开中央财经领导小组会议，讨论宝钢问题。国家计委、国家建委、冶金工业部的负责人和上海市的陈国栋、胡立教、陈锦华等领导参加了会议。陈锦华在汇报中如实介绍了工程施工的现场情况。他说："下马，损失太大，国外引进设备36万吨，已

---

① 陈锦华：《国事忆述》，中共党史出版社2005年版，第123页。

到岸16.8万吨；进口材料25万吨，已到岸12万吨，而且还在源源不断地到来。如果下马，到货仍然要照样付款，贷款利息照样要支付。目前7万名施工人员正在日夜奋战，工资照样要开。如果不下马，今年只需再投入几千万元就可运转。"谷牧副总理举着宝钢指挥部寄来的高炉正在吊装的照片，激动地说，问题是已搞到这个程度，下马确实损失太大。但是，会后，国务院还是决定"一期停缓、二期不谈、两板（热轧板和冷轧板）退货"，并要求宝钢"调整、退够、下好"，要求宝钢的建设者们把损失降到最小或不受损失。

为了稳定职工思想情绪，宝钢工程副总指挥、冶金部副部长马成德主持召开了一次封闭性会议。会上，他约法三章：不记录、不外传、不争议。大家一致认为：进口的仪器仪表、电气和机械设备是人类先进技术的结晶，是全国人民用节衣缩食的钱购入的，如果我们维护不好就是对国家和人民犯罪。中央让我们建仓库的目的是维护设备，但最有效的维护办法应该是"就位维护"。与其把设备堆放进仓库，还不如直接建厂房，把设备安装到厂房，使其就位。而后，隔一两个月通一次电，转动一下，这样就可以长期保证设备的性能了。这话说起来容易，做起来难，这要冒极大的风险，而且是在逆风而行。最后，指挥部集中了与会者的意见，形成了一个大胆的决议：

（1）向党中央、国务院及上海市委反映并请求撤销停、缓建的决定。

（2）将建仓库的资金用于建厂房，以"厂房"代"仓库"。

（3）设备安装起来（及早开箱检验，发现质量问题，还可在保修期限内索赔），简称之为"设备安装维护"（后称"就位维护"）。

（4）设备安装后，定期运行，使设备处于最佳状态，掌握设备性能，称之为"动维护"。[①]

"动维护"就是"就位维护"，针对"国务院在下达停缓命令、冻结建设资金后，下拨一定的经费用于建造仓库，以暂时存放已运送到宝钢的进口设备"的指示，考虑宝钢大部分的施工进展还在厂房系统阶段，决定不建仓库，把中央下拨的建造仓库的这部分钱用来继续建造厂房。"动维护"策略是一个既符合中央停缓建的决定，又不"停缓"的办法。"动维护"稳定了队伍，7万名建设人员继续施工，队伍没有散，为宝钢恢复建设打下了基础。

宝钢面临可能下马的严峻局面，在近一年的停缓建期间，指挥部抓了几件大事：一是抓紧厂房建设，以厂房代仓库，储藏已到工地的大量进口设备、物资。二是照常安装设备，使设备就位后得到有效维护，安装后有条件的定

---

① 周丛一主编：《马成德传》，辽海出版社2008年版，第151页。

期试运转，实行"动维护"，就是把安装起来的设备各就各位，一两个月通上电，让它转一转，使它不受损失，一旦国家需要的时候，只要通上电就能生产了。三是加强工地政治思想工作，抓干部和全体职工的思想教育，使全工地做到顾全局，"国家要上，我们就上好；国家让下，我们就要下好"，保证"队伍不乱，人心不散，工程不停，物资不丢"。四是生产准备按原计划、步骤进行，全工地上下一条心，做好两手准备，等待国家对宝钢工程的正式决策下达。1981年3月，谷牧、薄一波先后到宝钢工地视察，肯定了宝钢工程指挥部的调整工作安排，要求加强设备维护工作。薄一波赞扬宝钢建设者干得很好，表示：不管宝钢工程决策怎么样，对你们宝钢建设者我是鼓掌的。4月，姚依林到工地，表扬宝钢工地职工为积极贯彻执行党中央调整国民经济方针，保持安定团结局面所做的工作。

1981年1月7日，国家计委、国家建委遵照中央财经领导小组进一步调整宝钢工程建设的精神，在北京举行宝钢一期工程建设论证会。4天后，论证会移至上海宝钢现场继续举行。会议是大会与小会相结合，白天开大会，晚上开领导小组会，论证会在宝钢开了整整20天，这次会议是决定宝钢命运的关键性会议。国家计委、国家经委、国家建委、进出口委、机械委、财政部、外贸部、冶金部、煤炭部、一机部、电力部、交通部、铁道部、中国银行、建设银行、物资总局、中国社会科学院和上海市的17个有关委、局、院校以及宝钢工程指挥部、宝钢顾问委员会的领导干部、专家、工程技术人员等200多人到会。会上，提出了3类意见：第一类，主张停建，不是永久不建而是暂时不建，等待时机，也有个别人主张完全停建，将已到岸设备"五马分尸"分到其他钢铁厂使用；第二类，主张按原进度继续建设，"紧紧裤带"争取1984年建成；第三类，认为在宏观调整的形势下，按原计划建设为国家财力所不允许，但停建下马则在经济上、政治上损失太大，主张为适应国家财力、物力状况，宝钢工程可缩小规模，延长工期，分段建设，发展联合，细水长流，再用25亿元投资，将一期工程建成，把已投入的103亿元设备、厂房救活，争取在1986年建成投产。

大多数的意见认为当时工程已全面铺开，焦炉、高炉已展开施工，炼钢厂厂房已经竖起，钢铁厂的设备将大量到来，分给别的厂子因设备太大，根本用不上，这样大的工程要下马，国家将受很大损失，因此主张宝钢项目要继续上，在调整期间可放缓施工进度，延长工期，为避免损失，可把进口设备安装起来维护。全国200多位专家从现实出发，反复权衡利弊，提出了"分期建设，拉长周期，缓中求活"的建议方案并上报国务院。

国家计委副主任金熙英带着论证会这些意见到了北京。1981年2月10日，中央财经领导小组再次在中南海开会，商讨宝钢何去何从。宝钢工程副总指挥、冶金部副部长马成德发言说："如果下马，国内投资也需要15亿元，继续搞下去，也只需要25亿元。"国务院领导问："你的意思是，多用10个亿救活100多亿（指宝钢已用的投资），少用10个亿，100多亿就付之东流了？"马成德答："是这个意思。"①

1981年7月14日，国务院总理视察宝钢，听取宝钢工程指挥部关于停缓建问题和1981年调整工作安排和执行情况汇报。对一期工程投产后的经济效益、生产培训及热连轧板机等问题做了明确指示。1981年8月1日，在国家建委主任韩光的报告上批示：宝钢一期作为续建项目，不要再犹豫了，请计委早日定下来。7日，国家计委、国家建委联合发出《关于宝钢一期工程改列续建项目的通知》，宝钢一期工程即日起改列为续建项目。

1981年11月7日至26日，国家建委在北京召开宝钢工程建设第二次办公会议，研究解决宝钢一期工程由缓建改为续建后的有关问题。1982年5月19日，国家计委传达了国务院意见，要求"请即执行"。7月24日，韩光在向国务院的报告中进一步明确："关于建设总进度，宝钢工程

----

① 周丛一主编：《马成德传》，辽海出版社2008年版，第160页。

指挥部即按1985年9月高炉点火要求，排出各项工程的进度，并已与日方进行了一轮谈判，8月中旬将同日方进一步协商确定。"此后，指挥部又根据施工进度和生产准备的实际情况，同新日铁协商，将高炉点火日期从9月30日提前到9月15日，结果，一期工程各单元项目均按进度计划一次投产成功（无缝钢管项目除外）。

粉碎"四人帮"后，领导层和群众中普遍存在着要求加快建设的情况，在《1976—1985年发展国民经济十年规划纲要》中制定了一大批经济建设的高指标，为了完成高指标，对外引进规模一再扩大。在这样的思想指导下，宝钢上马的确仓促，存在不少问题。上马仓促，前期工作很不充分，建设初期要求过急，导致计划变动较多，带来不少被动的因素。1977年筹划宝钢工程，1978年一开始上马就提"抢建"口号，要在1980年建成一号高炉系统，不久又改为1982年建成。1980年年底，国民经济调整，1981年年初，国务院组织论证宝钢工程后，又确定一号高炉系统（即一期工程）于1985年建成投产。前后变动甚大。由于在工程建设前，对这么大而复杂的工程建设缺乏足够认识和经验，上得仓促，缺少足够时间进行充分论证，以致造成边建设边论证边做重大改变的局面。如：在立项问题上，1978年2月已拍板立了项，到4月，国家建委又组织全国专家对厂址与地基处理等问题进行评估、论证。在引进项目上，1978年冬已确定了范围和内容，但时隔不久，1979年由于外汇紧张，又对引进项目做了较大削减，其中削掉的重大项目，就有全厂管理计算机和钢铁研究所。在技术政策上，1978年确定了要成套引进70年代最先进技术装备，作为国内冶金工业发展的样板，但到1981年年初论证时，就有人对技术政策提出了不同看法，认为宝钢不该搞得太先进，根据国情，应搞中等技术水平较为正确，提出不该搞4000立方米大高炉，要搞2000立方米或3000立方米级的高炉，有利于在原料供应上适应吃百家饭，适应有啥吃啥的国情。这些看法或议论，原是可以理解的，但在工程已经全面展开的情况下，回过头来争论，势必造成"骑虎难下"的尴尬局面。这就是前期工作做得不透而造成的后遗症。此外，由于推迟了工期，延长了进度，所以就对已签订协议而尚未大量制造的国外设备要求废约退货，后来冷轧推迟交货进度。在讨论热轧是否退货时，又发生了很大的争论，当时冶金部绝大部分人都不赞成退货，最后上面决定退货，赔了日本人损失，重新订货又涨了价，又拖了交货时间。许多进口设备堆在工地任凭风吹雨打日晒；与日方也已达成热轧退货协议及二期工程的原材料、制氧机、高炉鼓风机和港口设备合同的中止协议，造成了极大的浪费和经济损失。

从另一方面讲，通过以上一系列调整，付出了一定的代价，却使宝钢工程的决策更加符合国情国力，从而保证了工程按调整后的计划全面完成。1985年11月，在宝钢一期工程投产时，中共中央、国务院在贺电中指出：宝钢的建成投产"是我国社会主义现代化建设取得的又一重大成就。这对提高我国钢铁工业的生产技术水平和管理水平，对促进国民经济的发展，加快我国社会主义现代化建设，具有重要的意义"。

宝钢建设伊始，各方面意见较多，曾经是议论纷纷的。这应当说是一种好现象。它表明，在党的十一届三中全会后，在我国政治生活中一度存在的"万马齐喑""鸦雀无声"的局面已经开始打破，解放思想，实事求是的思想路线，开始在人们心目中占了主导地位。这种现象还突出地反映了人民群众对国家现代化建设事业的高度主人翁责任感和对钢铁战线的殷切期望。它一方面大大激发了宝钢建设者们对于建好宝钢的光荣感、责任感和紧迫感，另一方面也促使领导者在决策过程中更加慎重，更加注意决策的科学性和民主性。①

① 全国政协文史和学习委员会编：《宝钢建设纪实》，中国文史出版社2007年版，第6页。

第三章 勇于开创：宝钢一期工程建设
（1978—1985 年）

1978年12月23日，上海宝山钢铁总厂举行开工典礼，1985年9月一期工程投产，前后共用7年时间。宝钢，作为我国改革开放后成套引进设备建设的第一个现代化大型钢铁基地，筹建上马时就面临议论纷纷的压力，工程建设对于改革开放刚刚起步的中国来说更是一大挑战。宝钢工程建设除面临选址及其带来的问题外，如何引进技术和我国是否有能力领导和管理现代化大工业生产项目建设，以及怎么确保按时投产，也是新时期建设宝钢要面临和解决的问题。1978年至1985年，这一时期中国经济经历了改革开放的起步和国民经济调整；这一时期也是对外逐步开放、对内逐步改革的经济转型发展时期。宝钢一期工程的筹建上马是改革开放的产物，宝钢一期工程的建设和投产更体现了改革开放的深入。宝钢建设于改革开放起始之时，成长于改革开放深入发展之际，见证着改革开放的推进和实践。

一、留有余地，确定直线流水型布局

1978年2月10日，日本钢铁设计专家水田永昭率日方设计小组抵达上海开始A阶段谈判，中日双方敲定厂区的规划总图。日方给出的方案是环状布局，就是生产流程从原料进厂到烧结、焦化、炼铁、炼钢、轧钢到成品出厂呈"C"字型环状布局，紧凑、简洁，大大地节省土地。但是这种布局，有一个很大的缺陷，就是会堵住宝钢的发展之路。当时国家规定宝钢的规模为年产600万吨，但从长远看，600万吨在世界上并不算什么，如果按照日本设计的环形布局，一个椭圆把所有设备全圈在里面，扩展的空间就全堵死了。如果按照这个布局，宝钢就没了二期和三期。

当时的宝钢工程设计总工程师黄锦发向日方提出异议，但日方以"方案是日方董事会通过的，贵国确认的"为由反对修改总布局图。当时国务院1978年8月批复的《关于上海宝山钢铁总厂计划任务书的复文》，第一条明确写着："要严格按照中央批准的三委一市一部《请示报告》对方案执行，不考虑扩大。"

在谈判陷于僵局的当口，黄锦发邀请当时日本设计组组长水田永昭再到现场察看，据理力争，最终水田永昭参考中方意见，将宝钢总图改成了直线流水型布局。直线流水型总图为宝钢未来的扩建腾出了空间。从水、电、气系统的布局上，从码头到整个流程的设置上，不仅为二期工程，也为三期工程预留了地方，打下了基础。一、二、三号高炉的地方有了，以后再调整，连四号高炉的地方也有了。直线流水型总图，损害了日本新日铁的利益，水田永昭因为没有贯彻董事会的意图，擅自做主，回国后被勒令停职反省，不久被撤掉了日方设计组组长职务。同样，由于黄锦发擅自预留发展余地，有人四处告状，说宝钢设计者违背中央意志，私改总图，居心叵测，浪费国家财产，因此遭到上级有关部门的严厉批评，冶金部某些负责人也因此受到株连，挨了狠批。在1989年年初，冶金部副部长、宝钢工程总指挥黎明率团赴日考察时，会见一些参加宝钢建设的日方专家，谈及往事及日方帮助宝钢建设的友好人士，水田感慨唏嘘："1978年2月返回国内即受到指责，压力很大。"黎明说："你压力很大，黄锦发先生压力更大。"[①]

二、技术首创，解决关键问题

一期工程建设的主要内容是：4063立方米高炉1座，

---

　　①　欧阳英鹏主编，秦文明撰稿：《宝钢故事（1978—2008）》，上海人民出版社2008年版，第54页。

450平方米烧结机1套，50孔大型焦炉4座，300吨转炉3座，1300毫米初轧机1套，140毫米无缝钢管轧机1套。1978年12月23日，宝钢打下第一根钢管桩，宝钢工程动工建设。1985年9月15日，宝钢一号高炉点火成功，宝钢一期工程顺利投产。宝钢建设中一些重大的关键性问题，如上海软土地基的处理问题、长江引水工程等，党中央、国务院的领导同志都亲自过问，在调查研究、广泛听取意见的基础上，做出了正确的决定，使这些问题都得到了妥善解决。这些对于我国沿海地区建设大型企业，对于解决沿海靠江大城市缺水问题，都有重要的借鉴作用。

1. 软地基处理

在宝钢工程施工过程中，工程技术人员学习国外的先进施工技术，坚持科学试验，开展合理化建议和新技术研究，形成一套适合我国国情的施工技术。软地基处理就是其中之一。宝钢厂址位于长江入海口的冲积平原软土层区，地下水位高，地基软弱，但是厂房设备基础荷重大，设备安装精度要求对沉降量和差异沉降严格控制。工程动工前，对地基处理问题取慎重态度，先后邀集国内专家讨论3次，论证的共识是：大型设备、重型厂房基础和对沉降有严格要求的建筑，采用钢管桩，其他基础用混凝土桩，荷重轻的建筑物利用天然地基，矿石堆场则采用打砂桩加固地基。

宝钢地基软弱，需要打钢管桩，那时，中国没有制造钢管桩的钢板，只能从日本进口。日本把每根直径900毫米的钢管桩的承载力定为280吨，而我国专家通过计算论证，认定每根钢管桩的承载力在600吨，承载力由280吨提高到600吨，可节省3000万美元。为了稳固地基，日本专家建议多打钢管桩，他们已经对这块土地的打桩费用做了估算，需要11亿元人民币。中方专家按照国内专家提供的地质报告，向日方提出了针对不同地质情况，分别采用钢管桩、预应力钢筋混凝土管桩、钢筋混凝土方桩等不同的构筑桩基的方案，在中方专家力争下，日方同意了中方专家意见，实际费用降到了8亿元以下。

在建设过程中，宝钢工程桩基施工中出现局部水平位移现象，引起李先念等中央领导人的关注，他们指出：千万不能出岔子，要慎重，慎重，再慎重。在施工现场的日本专家为此提出了几种加固位移桩基的办法，指挥部顾问们得知这一情况后，3次到工地现场考察，以掌握第一手资料，和宝钢的专家一道，集思广益，共同研讨进行科学分析。李国豪教授提出了发生桩基位移后桩的承载力计算方法和科学分析结果，并和其他顾问专家提出8条合理化建议，指挥部据此做了位移单桩承载力的荷载试验。结果表明，所提加固措施简易、节省，与日本专家取得共识，桩基水平位移得到控制，确保了工程进度和施工质量。

软地基问题曾成为主张宝钢下马的理由之一，现在对国外情况，特别是对日本的情况了解多了，已知道大型钢铁厂建在海边也是全世界成功的经验，不会出现滑移问题。现在看来，主要还是开放不够，对世界经济和科学技术的飞跃变化了解不多，我们所知道的，许多已经过时，我们建设钢铁厂虽然已经取得丰富的经验，但应看到有些经验已经过时了。[①]

在宝钢一期工程中，在厚达60余米的软土层上建设如此大型的钢厂，而经过生产考验没什么问题，可以说在软地基方面做出了较好的成绩，为我国改革开放在沿海地区发展经济提供了可靠的参考。

2. 长江围湖引水工程

水源是钢厂的命脉，宝钢建成后，整个设备系统每天需要400万吨循环水，用量几乎等于当时整个上海工业和居民用水的总和，而且氯离子最高不能超过200毫克每升，否则会影响钢材表面质量并加快设备系统的腐蚀。为此，中央决策，宝钢取水淀山湖。1980年年初，投资1.1亿元的淀山湖引水工程开工。但是，淀山湖是上海最大的

---

① 全国政协文史和学习委员会编：《宝钢建设纪实》，中国文史出版社2007年版，第100—101页。

湖泊，现存的唯一的清洁水源，上海生产的发展和市民的生存，希望都寄托在淀山湖。宝钢是个用水大户，会不会影响上海的淡水供应？随着国务院决定宝钢工程停缓建，引水工程也就缓了下来。停缓期间，专家开始重新"审视"长江，收集数据。宝钢设计管理处的蒋凤友到有关部门搜集到一份8年来长江口每小时的氯离子浓度记录，4万多个数据显示，氯离子的浓度是随潮汐而有规律地变化的，于是他提出了按潮汐规律规避氯离子的理论。宝钢设计管理处的张元德深入现场到长江实地踏访，历时4个多月，夜以继日收集了6万多个确切数据，总结出了长江水咸淡的规律，提出了"避咸潮取水，蓄淡水保质"的设想。"避咸蓄淡"的设想启发了宝钢副总工程师凌逸飞，他亲自走访，精准地绘制了一张长江口氯离子在朔、望之间的变化表。潮汐的变化是恒定的，氯离子与海潮是相伴相生的，在一天之内、一月之内，随着潮涨潮落和大潮小潮的变化，氯离子的浓度相应地由高到低，再由低到高，江水由咸转淡，再由淡转咸，即便在枯水季节的枯水期，长江淡水每天也有处于允许值内的时候，只不过时间短暂而已。选择适当位置，筑建水库，在江水氯离子符合允许值要求时大量提水进库，当氯离子超过允许值时，停止抽水，这样避咸蓄淡，长江淡水就可取之不尽，用之不竭。

长江引水这一想法得到了当时冶金工业部副部长、宝钢工程指挥部常务副总指挥马成德的赞同，紧接着，成立领导小组，通过专家论证。围堤筑坝，长江里筑成一湖，被宝钢人称为"宝山湖"。

马成德回忆道："后来，从长江引水方案进展得并不顺利，主张从淀山湖取水的同志与主张从长江取水的同志意见分歧严重。在广泛征求意见的基础上，经过多次科学论证调研，才统一了大家的思想，决定取长江水。"[①]

1981年8月5日，宝钢复工，工程指挥部决定淀山湖工程暂停施工。1982年5月，国务院同意改为取水长江。1983年2月11日，国家计委批准宝钢饮水工程开工书。水源工程必须在投产3个月之前完成，中央决定宝钢将于1985年9月投产，这时离投产只有两年半时间，按照专家估计，要在江水中围建一个164万平方米水面面积的水库，施工时间要三年半。改取水淀山湖为引水长江，使宝钢引水工程成了一期工程最晚开工的一个项目，要赶上投产，三年半工程必须缩短为两年半。最终，1985年8月20日，在宝钢全线投产前一个月，水库如期蓄水。

三、坚持高起点一揽子引进

四个现代化的关键是科学技术现代化，1978年10月9

---

① 周丛一主编：《马成德传》，辽海出版社2008年版，第170—172页。

日，中共中央批转了《关于1978—1985年全国科学技术发展规划纲要（草案）》，提出这8年科学技术工作的奋斗目标之一是部分重要科学技术领域接近或达到70年代的世界先进水平。通过"走出去"出国考察，发现钢铁工业发展较快的国家突出的经验就是抓住新技术的运用。当时，我国发展钢铁工业的一个重要思路就是：通过从国外引进先进技术，建设一个具有70年代末80年代初世界先进水平的大钢厂，把它当作我国钢铁工业进入世界先进行列的一个新起点，并以此作为老企业技术改造的借鉴。所以，要通过引进技术这条捷径，把外国经验学到手，把水平赶上去，宁可多花点学费。因此，宝钢一期工程坚持高起点一揽子引进技术的方式。

1. 要把日本最先进的技术学到手

通过引进技术，建设现代化钢铁企业，是采用低水平引进还是高水平引进？当时国外淘汰的二手设备，拿到国内来还可以生产赚钱。但是，如果热衷于购买二手设备，低水平重复引进，结果是我们始终落在人家后面。然而，当时人们对宝钢的高起点引进也颇有争议，认为自动化程度太高，担心中国人掌握不了。当时一种观点认为应该要引进最先进的，甚至在若干年后建成投产之时，技术上还应处于世界先进的地位，这样势必要引进那些刚开发，但缺乏足够的实际操作经验的萌芽技术。这种方式，要求我方有足够消化承受水平，并且要承担较大风险。另一种观点认为，引进的技术应该是成熟可靠的，要适应我方承受消化的能力，经历几年工程建设完成后能够尽快达到设计要求，产生效益，而不主张担较大风险，去追求最先进的萌芽的技术。

宝钢建设方案确定后，中央即明确指示：设计请新日铁公司负责，设备全套由日本进口。尽管日本新日铁负责人援建宝钢一方面为自身创造大量的经济利润，另一方面为防止宝钢成为其竞争对手，在技术转让方面会留有余地，宝钢还是提出要把日本最先进的技术学到手，并把这作为日后引进设备技术谈判和工厂建设中的一个很重要的出发点。

2. 一揽子成套引进方式

1978年8月起，指挥部根据上级指示，组织有关单位进行了持续大约两年时间的成套设备引进谈判，共签订22个成套设备合同。其中由新日铁总承包的12个单元，称为新日铁"自制设备"，由新日铁协助引进的8个合同，称为"非自制设备"；另外有两项合同未经过新日铁协助，即电厂（三菱电机）和钢管厂（联邦德国西马克），称为"非对象设备"。1978年9月，由新日铁承包的12个单元的新日铁"自制设备"分三群按单元工程项目开展成套设备的谈判；11月，签订第一群高炉、焦炉、炼钢单元工程合同技术附件；12月，签订第二群码头栈桥、原料场、化产回收、初轧单元工程的合同技术附件。对外引进谈判接近尾声时，冶金部与新日铁协商，就其"自制设备"改为一揽子成套引进方式，凡新日铁"自制设备"各单元合同总价定死。故第三群钢锭模制造、动力管网及能源中心、供配电及通信、给排水、检验分析等7个单元工程设计的对外谈判，改为争取让新日铁多设计、多供货并提供高质量设备的谈判，总体设计（B阶段）不再是编制设备报价技术规格书的基础，而成了合同技术附件的直接依据。又因总体设计较粗，不明之处甚多，双方争论十分激烈，1980年2月开始的第三群各单元工程对外设计谈判，至12月方告结束。

一期工程"非自制设备"各单元和"非对象"的自备电厂、无缝钢管厂单元与"自制设备"第三群单元同时开展对外谈判，于1979年9月至1980年2月陆续完成，并签订了各单元合同技术附件。[①]

一期工程22个单元全部采用单元成套引进，仅部分设备、材料分交为国内供货的方式，主体设计以外商为主，公用辅助设施由中方设计。设备总重量约40万吨，其中引

---

① 《宝钢志》编纂委员会编：《宝钢志》，上海社会科学院出版社1995年版，第63—64页。

进36万吨、国内供应4万吨，国外设备占90%、国内设备占10%。

一期工程中，新日铁提供的技术是当时已有的样板工厂、成熟的技术，但是不可否认，宝钢在1978年签订合同引进来的技术和装备时隔7年才投产，与当时世界上最先进技术水平之间确实存在一定差距。搞一揽子引进方式，在经济上确实要付出较大代价，最突出的例如焦化单元估计要多花费约30%的外汇，中心实验室引进的个别仪器设备，据后来了解，与从市场直接采购相比甚至贵了2—3倍。但是，在1978年我们处在刚对外全面开放初期，对引进大量技术和装备，建设现代化大型企业尚缺乏足够经验的时候，在这种特定情况下，如果依靠一家有经验有实力的外商来负责总包，则对总体设计的完整性，设备供应的成套性，加快建设进度，保证按期投产减轻风险程度还是有一定好处的。一期工程中直径140毫米无缝钢管厂的引进技术则属另外一种类型，联邦德国西马克公司采用了一些尚未完全成熟的新技术，加上该公司在工厂设计和设备设计中存在一些严重失误，因而导致投产后耗费两年多时间调试和局部改造，影响了宝钢的经济效益。

3. 谈判桌上的较量

1978年1月底，陈锦华率领"中国金属学会考察团"

去日本，通过20多天的考察，我们对日本的钢铁工业有了初步的了解。考察团回国不久，新日铁即派水田、荒木等20名设计专家来上海，同我方进行A阶段谈判，我方由重庆钢铁设计院、中冶焦耐设计院、长沙有色冶金设计研究院、上海有关规划设计院、上海冶金局抽调的骨干等100余人参加谈判，谈判在静安宾馆进行。

到3月初，谈判基本结束。形成一个对外"协议"。由于中方的100余名谈判人员是临时匆忙抽来的，要随时统一认识十分吃力，实际上内部的意见并不完全一致。协议之后，到北京向冶金部各方面做汇报，有些同志认为引进技术的水平不是当时最先进的，强烈地向叶志强、刘学新两位副部长反映，不过两位副部长还是批准了谈判成果。后来了解到，这次谈判结果，在新日铁内部审议时亦引起强烈的反应，主要因为这个协议内容已将新日铁原先提出的方案修改得面目全非了。但中、日双方既已签订协议，新日铁也就只好执行了，而日方不再让日方主谈水田先生管宝钢工程，改由他的副手荒木四郎接替宝钢总设计师的工作。在A阶段谈判时，日方曾提出以君津制铁所各厂为样板，照搬照套到宝钢来，理由是这样符合快和成熟的标准，冶金部当时基本同意这个原则。在谈判中，中方人员逐渐认识到全部照搬照套很不妥当，因为君津制铁所有的技术已经落后，有的并不适合宝钢实际情况，后来在谈判中，把这个原则推翻了。

冶金部和大柿谅先生曾商量好要搞联合设计，在A阶段谈判时可说基本上是这样做的，但是到了B阶段以后，就名存实亡了，变成日方设计中方审查。经过A阶段谈判，对日方原提方案做了较大变动，这些变动经过投产证明是比较适宜的。

协议中主要在以下7个方面对新日铁原方案做了重大改变：

（1）初轧机选型。原是把君津制铁所的第二初轧厂照搬过来，轧机开口度小，只有1200毫米，因此不能轧出供1700毫米热连轧板机所需宽幅板坯，但日方非常坚持，强调若不以君津制铁所第二初轧厂为样板，建设进度就保证不了。前后足足谈了一个月，中方有些领导十分担心影响建设进度，这可是重大问题，亦曾劝说中方谈判人员不要变动。但是谈判人员坚持要把开口度改成1600毫米，最后新日铁终于让步，重新设计了现在已建起来的初轧机，钢锭重量增大到28吨，设备大大加强，主电动机功率也增大到1万千瓦。实践证明，如果开口度仍是1200毫米的话，那么现在供应武钢板坯就十分困难了，更不要说供应舞阳特厚板厂了。

（2）氧气转炉炉型。新日铁提出以君津制铁所的转炉为样板，炉型是矮胖型，而大分厂的炉型则是瘦高型。

上海院龚尧会同北钢院的同志了解到八幡制铁所1978年年初正在建设新的300吨转炉厂，炉型不胖不瘦，经比较后，觉得采用八幡的炉型更合理。谈判后，日方设计人员也同意了。

（3）干熄焦。谈判期间，新日铁有些焦化厂还不是全部采用干熄焦的，而是局部地采用，当然干熄焦比湿法熄焦优点多。当时了解到日本生产钢管的扇岛制铁所焦化厂是1978年刚投产的，采用了全部干熄焦，我们就要求全部用干熄焦，日方亦同意了。后来了解到，新日铁内部对全部采用干熄焦意见很大，有的说不该同意中方的要求，但是协议已签，就执行了。

（4）总图布置。日方带来的总平面布置是迂回型，生产流程不合理，原料码头和成品码头靠在一起，在炼钢以后，轧钢车间又倒回过来布置，这样固然可少占地，但对今后发展极为不利。经谈判，改为直线流水型布局，并留三号高炉余地。

（5）自备电厂总图布置，把电厂放到厂里边。

（6）工业用水，其中含氯量最高不超过200 ppm。

（7）是否一开始就建设中心试验室。在中方反复强烈要求下，日方才同意增加了这个项目，同意供应设备，同意派人指导安装投产，但坚持中方不能派人去新日铁各厂的中试室培训，在这一点上，我们做了让步。①

　　宝钢总体设计，由日本新日铁总包。经过第一轮在上海静安宾馆谈判后，中方组织了一个设计审查代表团，去日本进行B阶段谈判。由设计、生产和外贸部等有关方面近100人参加，分别从北京、上海坐飞机去日本。1978年5月19日启程，7月17日签署了B阶段合同。

　　是否要花巨额投资，从国外引进成套设备？原国家建委主任、宝钢工程国务院代表韩光曾讲道："当然，现在总结经验，应该说一些设备、材料，特别是结构性设备、材料，国内能生产、质量规格又能达到设计要求的，就不引进，是最好的。这应引以为训。"②

　　1978年12月1日，我国与日方《关于认购上海宝山钢铁总厂成套设备的总协议》及高炉、焦炉、转炉3个成套设备的合同，在上海锦江饭店小礼堂举行了签字仪式，合同总价20亿美元，并按现汇支付。

　　由于对外谈判是一项涉及面广而又复杂的工作，存在着一系列矛盾，有中方与外商之间的矛盾、外商与外商之间的矛盾，以及中方内部由于所处地位、岗位的不同，部与部之间，宝钢内部设计、生产、施工之间，项目与项目

　　① 全国政协文史和学习委员会编：《宝钢建设纪实》，中国文史出版社2007年版，第109—111页。
　　② 全国政协文史和学习委员会编：《宝钢建设纪实》，中国文史出版社2007年版，第5页。

之间亦会出现矛盾，或者有不同的看法，而这些矛盾或不同看法又往往相互交叉影响。因此在谈判前必须做好科学论证，在谈判过程中还得继续深入研讨，以求中方内部统一认识，然后做出行政上的正确决策，这样再通过商务谈判，直至签约。不可否认，宝钢第一阶段谈判的前期准备工作不很充分，显得仓促，导致有些地方受人摆布。但是中方有关人员十分努力，凭着主观能动精神的发挥，起到了一定的补救作用。如在谈判前，尽力收集情报资料，进行分析探讨，做模拟方案，明确谈判目标。因此对新日铁方面提出的总体方案工艺流程、技术内容，经过谈判后都有重大改变，如全厂总平面布置、焦炉采取全部干熄焦等。实践证明，当时做出这些改变的决定是正确且必要的。但是，对于一些新技术，如在4000立方米大型高炉上采用无料钟炉顶装置、氧气转炉采取复合吹炼等未能引进，在时隔几年后宝钢一期工程于1985年9月投产时就感到宝钢引进的技术并非处于当时最先进地位。

四、宝钢领导体制

宝钢开始筹备的时候，以上海为主，之后改为以冶金部为主；同时随着工程建设的推进，宝钢建设中的问题，上海市能解决一部分，冶金部也能解决一部分，但是还有相当多的问题，上海市解决不了，冶金部也解决不了，需要更高一层的领导来解决。一机部、交通部、电子部、物资部，方方面面都有。这些部门，跟冶金部、上海市都是同级的，商量来商量去，容易误事。为更好地协调各部门工作，就派出国务院代表来协调。"派出国务院代表来协调就非常好。这是你们部管的，请你们负责；这个东西没有，你物资部有，物资部就拿出来，协调很灵，这就是社会主义集中力量办大事的优越性。这是制度性的优势，不是哪一个人的。"①

宝钢从筹建到抢建，都是以上海为主，上海市全力以赴，林乎加、韩哲、陈锦华等领导亲自抓。市里把抢建宝钢放在首位，一切为宝钢让路、开绿灯，要人有人，要物有物。市里组建指挥部班子时，把各有关委办局的较强力量配到指挥部。当时市委为了建好宝钢，决定由市委组织部、人事局等组成宝钢调干办公室，集中在外滩总工会二楼办公，以确保调干任务按时按质完成。宝钢建设的顺利推进离不开上海的大力支持。宝钢建在上海，当时上海市委的主要领导人苏振华、倪志福、彭冲等认为这是党中央关于现代化建设的战略决策，上海责无旁贷地要全力以赴。1978年2月1日，中共上海市委决定，建立中共上海宝山钢铁总厂工程指挥部委员会（简称指挥部党委），由

① 陈锦华：《国事续述》，中国人民大学出版社2012年版，第69页。

许言等14人组成，许言任党委书记，明确指挥部在建设
期间，归口于上海市基本建设委员会。1978年3月30日，
召开全市各部、委、办、区、县、局负责人会议，动员全
市有关部门从人力、物力、财力上全力支援宝钢建设。会
后，全市各路建设大军迅速开进工地，前期工作全面展
开，成立以市委组织部部长赵正清为首的调干领导小组，
各部、委、局根据中共上海市委"有钱出钱、有人出人"
的要求，抽调了一大批干部投入工程筹建和生产准备。上
海不仅动员全市的力量，最重要的就是对口包建的体制。
把电厂交给华东电管局，华东电管局就组织队伍建了电
厂。要建一个很大的自来水厂，就把它交给自来水公司，
交给城建局。以市城建局、建工局、公用局、邮电局的队
伍为开路先锋，首先进入宝钢厂区，在一片农田和月浦废
旧机场上，排水、架桥，拓宽道路，抢建后勤设施。与此
同时，为迅速组织征地、拆迁工作，上海市政府对宝钢厂
区征地采取"一次征地、分批使用"的政策，统一安排征
地区域农民的就业。4月6日，中共上海市委批复同意建
设宝钢用地，一次征用土地11581亩（不包括月浦机场公
地）。5月，按国家建委决定，冶金部调集勘察、设计和
建设队伍源源开赴工地。在宝钢的材料供应和资金渠道尚
未畅通之前，上海市有关单位垫材料、垫资金，"先上
马，后算账"，抢"三通一平"（通电、通水、通路、场

地平整），抢建施工临时设施，完成艰巨的工程前期工作，为大规模机械化施工创造了条件。[①]正是由于上海市委、市政府的全力支持和大协作准备，才使宝钢得以在1978年8月正式立项。

1979年6月16日，国务院财经委员会召开会议讨论宝钢建设问题，在这次会议上，明确宝钢工程领导体制改为以冶金部为主，上海市参加。11月8日，指挥部领导班子调整为：叶志强任中共宝钢工程指挥部党委书记，陈锦华任政委、党委书记，冶金部副部长马成德任副书记、副指挥，免去马宾、许言等的职务。同日，成立中共宝钢总厂委员会和宝钢总厂生产领导小组，由范杰良等11人组成，范杰良任书记兼组长。

从叶志强担任总指挥、党委书记开始，一直到1979年11月的1年零1个月中，对整个班子进行了大调整。改变了以上海领导为主的干部抽调方针和计划，叶志强要求全部学日本的，人数要少，质量要高，下面分厂由全国几个大厂来包，转炉以上海为主，还主张工长以上干部从全国几个大钢厂调来。11月11日正式宣布免除许言、陈大同、孙良浩、耿心、邵明等党政职务，由市委另行安排工作；宣布王国良回建工局工作，保留副指挥职务。以后，吕鸿畴

---

① 《宝钢志》编纂委员会编：《宝钢志》，上海社会科学院出版社1995年版，第48页。

等也都相继回原单位。这样，最早筹建宝钢的几位领导成员基本都调走了。

宝钢工程领导体制改为以冶金部为主，对宝钢工程建设有一定影响，比如关于冶金机电配件的问题。"宝钢筹建时考虑作为市冶金局的一个厂，由上海市管，市里充分依靠原有基础，组织协作配套。在贯彻1978年召开的协作会议精神中，决定加强冶金建筑安装公司和新成立冶金机电配件公司。1979年10月后，宝钢工程改为冶金部为主领导，市里有关部门感到很难插手，也有点后退了。成立不到一年的冶金机电配件公司，于1979年年底又撤销了。"①原宝钢工程指挥部指挥、党委书记许言讲道："大型钢铁厂，可以说1/3搞备品备件的制造和维修。当时不是没有考虑的，市委和国家计委、冶金部共同做了决定，为节省经费，为了挖掘上海的潜力，宝钢的备品备件制造和维修，由市里负责。市里要组建两个公司，一个是备品备件制造公司，一个就是维修公司。因此，宝钢的机修力量搞得很小，这不是我们不懂，由市里搞可省钱，原来定的就是这个方案。两个公司的领导班子已经调出来搞筹建工作了，后来领导体制一变，由部里负责了，这是对宝钢影响最大的问题，市里在这个问题上后撤了，已建

---

① 全国政协文史和学习委员会编：《宝钢建设纪实》，中国文史出版社2007年版，第136页。

的两个班子撤掉了。那时要建这两个公司，也进行通盘规划。宝钢的备品备件数量有多大，维修的力量市里怎么组织，市里考虑拿出一部分工厂为宝钢服务。待领导体制一变，没有了。咱们吃冶金饭这么多年，知道这个利害，所以我向市里提出，市里不组织公司，尽量支援。支援多少，市里说统一研究，最后市里说，只能拿出一个虹江机器厂，千把人小厂。其他备品备件，市里可以组织其他厂承担一部分。但这些厂的任务是一机部安排的，还要同一机部商量，我一听那怎么办？完全没有主动权了。"①

宝钢及其配套工程，实际上是一个庞大的集团项目，需要解决的问题很多，涉及的面很广。国内国外，千头万绪，仅国内大协作关系，就涉及中央30多个部委和十几个省市区。这种复杂的协作关系，单靠一个部门（如冶金部）或一个地方（如上海市）来抓是很难办到的。需要一个有权威的部门，站在国家立场，能够及时协调建设中跨部门跨地区的一些重大问题。

1982年4月，国务院从宝钢工程实际出发，指派了宝钢工程的国务院代表，负责协调各方面的关系，处理有关问题。1983年9月14日，宝钢指挥部和宝钢总厂组成新的领导班子：中共冶金部党组副书记、冶金部副部长黎明兼

① 全国政协文史和学习委员会编：《宝钢建设纪实》，中国文史出版社2007年版，第117页。

任指挥部总指挥、党委书记、总厂代厂长，朱尔沛任指挥
部副指挥、党委副书记、总厂党委书记，李华忠任指挥部
副指挥、总厂第一副厂长。李非平不再担任宝钢工程指挥
部的职务。1984年3月，中央财经领导小组会议决定，为
了加强宝钢建设和生产准备的协调工作，确保宝钢一期工
程在1985年9月投产，又组成了由国家计委、国家建委、
国家经委、冶金部、财政部、上海市及中央其他有关部门
共同组成的宝钢联合办公室，归国务院代表韩光领导，办
公室设在国家计委。韩光作为国务院代表，负责抓宝钢建
设，其主要的工作方式之一，就是根据工程建设进展情
况和存在的问题，每年召开2—3次宝钢建设现场办公会
议。从宝钢动工到一期工程投产的6年零8个月，韩光作
为国务院代表，共主持召开了17次现场办公会议和汇报
协调会议，其中宝钢一期工程恢复续建后召开8次现场办
公会议。8次会议，围绕着宝钢一期"85.9"高炉点火投
产的总目标，协调解决了建设中的一系列重大问题，为工
程建设扫清障碍、铺平道路、创造条件，推动工程顺利进
行。遇到和处理的建设和生产准备过程中的问题成堆。每
次现场办公会议后，都向党中央、国务院写出书面报告，
党中央和国务院的领导同志总是及时审阅、及时批示，因
此下情能够较快上达，上边的指示能够较快地得到认真的
贯彻执行。现在看来，像宝钢这样牵涉面广的特大工程，

在组织上采取这些特殊的措施，是很有效的。时任宝钢联合办公室主任的石启荣谈起参加现场办公会议的体会时说："对于大型项目建设，现场办公会议是一种好形式。实践证明，为了协调解决项目建设中发生的问题，邀请有关主管部门、有关单位，在现场召开联席办公会议，有利于提高工作效率，有利于促进工程建设。"①

五、建设现代化管理模式

1975年，邓小平就提出："企业管理是一件大事，一定要认真搞好。"②1977年9月29日，邓小平在会见英籍华人作家韩素音时，谈到学习外国，主要提出两条：一是学科学技术，一是学科学管理。他指出："要吸收世界先进的工业管理方法，要搞科研，搞自动化。"③出国考察团介绍说，在中国"大跃进"前，日本经济和中国差不多，后来差距越来越大，日本在管理、新技术方面有许多值得我们学习的经验。日本先学美国，经消化吸收形成自己的特点，与这些国家比，我们生产技术落后，管理方面更落

---

① 全国政协文史和学习委员会编：《宝钢建设纪实》，中国文史出版社2007年版，第186页。
② 《邓小平年谱（一九七五——一九九七）》（上），中央文献出版社2004年版，第84页。
③ 《邓小平年谱（一九七五——一九九七）》（上），中央文献出版社2004年版，第210页。

后，因此，在引进技术的同时，必须注意同时引进先进的科学管理方法。

关于企业管理，宝钢曾出现了两种截然不同的意见：一种意见是，企业建在中国土地上，当然应该用过去大家所熟悉的传统管理方式来管理；另一种意见认为，应当把国外的一套现代化管理方式学到手，并据此来管好宝钢。经过反复研讨，大家的认识逐渐趋于一致，有了先进的技术装备，不等于就有了现代化的企业。一个现代化企业的形成，还必须依靠科学的、现代化的管理。采用现代化的管理方式，不仅是个方法问题，而且是破除小生产和产品经济影响下形成的种种低效益的传统管理观念的问题。因此，宝钢在筹建时就参照日本新日铁的管理经验，在管理体制上确立了3个原则：一是实行高度集中；二是严格精简机构设置和人员编制；三是生活、后勤等服务性工作基本上全部交由厂外协作。在引进国外先进技术装备的同时，也把国外的一套现代化管理方式引进来并结合我国实际推广应用。根据这一决策，宝钢一共花费了8000万美元，引进日本新日铁的现代化管理方式，并且聘请日本管理专家前来指导。宝钢不仅仅利用国外铁矿石资源和引进先进技术，而且还学习得非常彻底，学习国外管理，最终才得以造就宝钢的现代化发展。在推动宝钢工程建设成功实践的诸多因素中，系统而科学的工程管理起了重要作用。

1. 推行投资包干，节约1.9亿元

宝钢在建设初期，由于当时的指导思想是立足于"抢建"，确有花钱大手大脚的现象，也造成一些不应有的损失、浪费。从1978年年底工程正式动工到1980年年底的两年多时间内，一些施工单位先干后算，实报实销，敞口花钱，工程造价很高。厂区14个施工项目共完成国内投资5.2亿元，超概算8250万元，超支额占14个项目概算的15.9%。而且整个工程建设需要的投资有越算越多的趋势，因而人们担心，宝钢工程会不会成为"无底洞"。

1980年秋，为了调整国民经济的严重失调，中央决定包括宝钢在内的一大批工程项目停缓下马。宝钢工程会成为"无底洞"成为主张宝钢下马的原因之一。国民经济调整时期，使概算包干的构想深化了，把概算包干发展为概算包干责任制的构想，即宝钢指挥部和各建设单位向国家承包，各建设单位将包干责任分解落实到各工程队和班组个人，与承包额、工作量多少以及责任大小相对应，节约上缴一部分，其余部分一直分配到班组和个人，这样就可以将职工个人、集体利益直接和国家利益挂起钩来，调动职工节约资金的责任感。宝钢工程指挥部承担投资包干任务后，对各分指挥部进行分工，以单元工程为单位，针对不同工程的不同情况，按照规定的包干内容和包干指标实

行包干。

实施投资包干后，各单位普遍建立起经济责任制，改善管理，厉行节约。为节约建设资金，走出一条大型钢铁联合企业节约建设资金的新路子，国家决定从1981年起，一期工程国内建设投资40.5亿元，国家按38.6亿元交由宝钢指挥部实行投资包干，尚差1.9亿元缺口，由指挥部在工程建设中通过节约途径解决。

在当时，基本建设项目敞口花钱风还没有刹住，讲求投资效益的观念还不强，宝钢要搞投资包干，阻力也是很大的。在实行投资包干的问题上，外界议论不少，有人说实行包干会降低工程质量，事实证明工程质量没有受到任何影响，有人说宝钢搞投资包干是指挥部越权操作，自作主张。马成德认为，指挥部应该有这方面的职权和谋略，也有这方面的义务，如果工程建设不能解决敞口花钱的问题，就是指挥部工作失职。到1982年5月，已有60%—70%对建设单位实行了投资包干。宝钢的一举一动涉及面广，影响极大，而且在极其复杂的情况下能包下来，而且还搞成了，这与当时农村改革的形势发展对宝钢的影响分不开。[1]

为鼓励施工企业节约建设资金，1983年3月，国务院有关部门制定了投资包干节余分成的试行办法，按批准的包干指标所节余的资金实行"五五"分成，即50%上缴

---

[1]　周丛一主编：《马成德传》，辽海出版社2008年版，第174页。

国家，50%企业留成。企业留成部分按"六二二"比例分成，即60%用于企业发展基金，20%用于集体福利基金，20%用于职工分成收入，充分调动了全体建设者节约建设资金的积极性。

1986年一期工程竣工决算，主体工程和外围工程概算包干节余7933.36万元，上缴施工机械折旧3867.75万元，指挥部各项费用节约1491.6万元，总厂生产准备及试车费节约3091万元，各部门增收节支622.2万元，共实现增收节支2.3005亿元。与国家要求节约的1.9亿元相比，超额完成4005万元。

2. 创建集中一贯管理与强化基层管理相结合的生产型管理模式

钢铁工业生产设备具有大型化、生产连续化、操作自动化的特点，从采购进厂到成品外运出厂，涉及生产、技术、能源、运输、设备、原料等程序。由于钢铁工业有连续生产的特点，主体流程必须很好地衔接，不能炼铁厂、炼钢厂、轧钢厂各自为战、各搞各的计划。钢铁工业本身的生产工艺特点决定了其生产管理的特殊性。

宝钢是我国20世纪80年代建成的一座现代化钢铁联合企业，在引进先进技术装备的同时，引进了日本钢铁企业的一些生产方式。最终，宝钢抛弃了我国钢铁联合企业长期以来一直实行的"分级管理、分散经营"的管理模式，结合国情厂情进行消化、移植、创新，逐步探索出集中一贯管理与强化基层管理相结合的生产型管理模式。

其要点：一是实行集中一贯管理体制。明确规定"集中指挥，统一经营，主要的管理权力和业务集中在总厂"。实行生产、计划、设备、物资采购、产品销售都集中到总部的"纵向的'集中'管理"，比如，与国内多数钢铁企业实行"两级"生产管理体制（厂部只管年、季、月计划，周计划和作业计划由各二级厂来安排）相比，宝钢从接到订单开始，由总部的生产部门负责从原料进厂到产品出厂的全部生产物流作业进度管理，对炼铁、炼钢、轧钢计划做出具体的安排，并把各项计划直接下达到各条生产线，绕过了二级厂这一"中转"环节。集中管理使二级厂变成了基层生产性单位，使各生产厂厂长和分厂厂长从日常繁杂的事务性工作中解脱出来。二级厂属于车间性质，其任务有三：带好队伍、搞好生产、掌握国内外同行信息并提出改进和创新的意见和建议。

二是重视管理综合化。把性质相关的业务尽可能集中到一个部门管理，强调能由一个部门或一个人管理的业务，就不设多个部门或多人去管。这种以简化职能工作中的专业化分工（"大专业、小综合"）为原则设立的总部机构，通称为"大部"。以这样的"大部"制来推动专业部门职能的综合化，不仅有利于精简机构和人员，而且能够在关联及配合中改进和加强各项职能工作。在"大部"内部的机构设立和工作安排中以体现产品分工原则的"一贯科"取代惯常的工艺专业分工。宝钢实行横向上"一贯"管理的原则，按照产品类别设置钢板科、钢管科、条钢科等"一贯科"，且科内职员工作也尽量按品种分工来安排，如条钢科内就按硬线、软线、焊条钢等品种来划分工作，以便根据各类产品用户对质量的特定要求进行从头到尾的全过程一条龙管理。

三是强化基层管理。把现场管理的重心放在作业区，推行"以作业长制为中心，以计划值为目标，以标准作业为准绳，以设备点检定修为重点，以自主管理为基础"的基层管理制度。作业长是作业区内的最高管理者。作业长制是公司为确保作业长发挥管理中心作用而制定的各项管理制度的总称。作业长接受分厂厂长（车间主任）的委托，全面负责作业区内工作，发挥"小厂长"的作用。分厂厂长（车间主任）将生产作业管理的权力委托给作业长之后，应做好三方面的工作：纵向上做好与上级领导的沟通，横向上做好与同级单位的协调；全面掌握信息，研究分析基层作业管理；组织支撑体制，为作业长提供支持和帮助。作业长在带领团队实现作业区目标时，需将计划值进行分解与布置，需通过标准化作业规范员工的行为，需维持控制设备的运行状态，需运用自主管理进行现场改善。作业长制力争把日常问题解决在作业层面，使生产作业管理的重心下移到基层，真正做到基层管理在基层，使仅相当于"工段长"级别的作业区管理者成为能发挥"半个厂长"加"半个工程师"作用的一线指挥官。

宝钢这一套生产型管理模式，曾被称为"集中一贯管理与强化基层管理相结合的管理模式"，有力地保证了生产的高效、有序、稳定运行，使宝钢只用了两年时间，就达到并超过了一期工程的设计水平，1989年生产钢365万吨、生铁326万吨、钢坯310万吨，分别超过设计值的17.2%、8.8%和14.1%。早在宝钢一期工程投产之前的1985年4月2日，时任冶金部部长的李东冶在冶金部党组会上说："我再一次明确，坚决按新日铁的办法，坚持一级管理。不能搞混合式的，把管理鞍钢、武钢、首钢的办法用在宝钢肯定不行。现代化的技术和设备就是要用现代化的管理，不能七十年代的设备，七十年代的技术，用五十年代的管理方法，谁管不了谁就下来。"①

3. 卸掉"枷锁"

在宝钢建设初期，日本人曾经怀疑中国能否建成一个现代化的钢铁企业。在宝钢建成运营之前，日本人又怀疑

---

① 李春雷、刘慧中：《钢铁情缘》，中国经济出版社2007年版，第211页。

中国是否能管理好一个现代化的钢铁企业。与世界先进水平相比，中国钢铁企业在软件方面确实存在着非常大的差距，涉及的问题包括企业运行的体制和机制、企业管理的手段与水平、企业经营理念和战略方针、企业文化与企业形象的塑造等。这些方面如果没有一个实质性的改变、一个大的提升，就无法适应先进技术装备高效运行的需要，也无法适应市场竞争环境中现代化大企业发展的需要。对于建设和运营宝钢这样一个庞大的系统工程而言，先进的硬件和与之相适应的软件是相辅相成、缺一不可的。前者是国家的巨额投资和建设者辛勤付出的成果，后者是宝钢领导团队经过艰苦的努力和探索实现的，他们用事实回答了日本人提出的两个问题。

解放思想，摆脱传统旧模式。企业办社会，是传统体制下国有企业的一大弊端，它使企业背上了沉重的包袱，拖累了应有的效率。宝钢从一开始就不搞"大而全"，将辅业从主体分离出去，精干钢铁主业，摸索出一套发展专业化协作，搞好主体、放开辅助的新的管理模式。

辅业主要指除主生产线以外的辅助部门，例如生活后勤、保卫及生产辅助等。在集中一贯管理模式的推行中，辅业从主线上剥离出来，按专业进行资源整合，建立自负盈亏的经济实体。在服务主体的前提下，面向社会，辅业业务能够外包的一律业务外包，能够通过社会解决的一律由社会承担，社会暂时不能解决的由分离出去的辅助部门承担，等条件成熟时再推向社会。主辅分离改变了国企"大而全"、基层"小而全"的局面，同时培养了一批自立于社会的经营者。

宝钢生产经营主体活动与生产服务及生活服务等辅助活动的分离，是不同层级系统间实现"分层"的第一步。凡是社会能办的，如医院、学校，宝钢坚决不办；凡是能对外协作解决的，如设备维修、备件供应等，宝钢尽可能不搞；凡是社会暂不能承担的，如厂内餐饮、住房等，组建企业开发总公司承担。1986年6月，宝钢将附属的企业公司、总务处、生活处、工务处和指挥部的后勤处、绿化办等单位划出，组建了企业开发总公司，成为服务宝钢、面向社会的经营服务实体。这是宝钢在主辅分离方面迈出的决定性一步。

早在一期工程投产之初，宝钢就提出了"精简高效"的理念。20世纪80年代初，邓小平在谈到宝钢定员时就曾说，不能按老办法，要按外国人的定员，但是只增加一个人：党委书记。日本人在设计时，建议宝钢定员8600人，包括管理人员，最多不能超过9000人。1983年，宝钢人数已达到2.8万。宝钢一期工程结束时，国家给生产岗位的定员为4万人。如果按此发展，二期、三期以后，人员会更多，至少应有8万人。但事实恰恰相反，宝钢是现代化的企业，所以，一期工程投产后的1985年，就核实定员，开始大刀阔斧地削减人员。分流人员自找职业，自负盈亏，开发新事业。二期工程投产以后，减员力度更大了。严格按日本君津制铁所的定员标准，多余人员全部分流转岗。以每年2000人的速度向新事业公司输送。新事业公司是一个独立法人单位，创办了各种各样的实体，面向市场，质量、利润双丰收。

六、攻克脱期 3 个月的困难，按期投产

在脱期3个月的困难下，宝钢一号高炉按计划于1985年9月15日点火，之后一周内高炉、转炉、初轧按生产工序一次连续投产成功。宝钢一期工程建成投产，按目标实现了"后墙（工期）不倒，概算不超，按期达标"。

1.攻克脱期3个月的困难

宝钢这个特大型工程，包含着大量的单项工程。这些单项工程分为一、二、三级，像4000立方米大高炉系统这样的一级项目就有30个，像年吞吐量为2000万吨的码头工程级别的二级项目有230多个，再分成较小的三级项目达1000多个。其中哪个项目脱期，都要影响整个工程的按期投产。宝钢一期工程建设初期，仍然沿用了传统的工程

管理模式：一是以总投资为中心进行工程管理，以投资完成额来衡量工程进度；二是按完成量考核进度，比如浇注了多少混凝土，安装了多少设备，等等；三是形象进度管理，但在安排和检查形象进度时缺乏定量等标准。虽然这些方法也发挥过一些作用，但很难对参建单位以及工程建设各个环节、各个施工阶段进行统筹协调，造成重主体、轻辅助，重设备安装、轻工程收尾的不良后果。也正因为如此，经历了几次进度修改的宝钢一期工程，陷入了投资额完成不少，建设进度却严重拖后的窘境。按照国务院正式宣布的投产日期1985年9月推算，宝钢工程的实际进度已经脱期3个月，从中央到地方都在关注，这也关系到中国冶金建设史上规模最大的工程项目能否如期建成。

　　1983年9月，时任冶金工业部第一副部长、党组副书记的黎明，在宝钢一期工程建设进度脱期3个月的困难时期，被中央调到宝钢任职。从1983年9月到1985年9月，抢回脱期的进度，确保按时投产，成为当务之急。为了把脱期的进度抢回来，首先公开脱期信息，1983年10月，《宝钢战报》在显著位置把宝钢一期工程脱期项目、脱期时间和责任单位毫无隐瞒地刊登出来。把问题向所有施工单位和职工悉数交底，以便责任单位对所负责的项目进度及整个工程进度都有清醒而明确的认识。这一措施的推出增强了参与施工建设者的危机感和紧迫感。此外，宝钢工程指挥部党委，在建设工地深化开展"三感"——光荣感、责任感、使命感教育，激发职工建设宝钢的精神动力。在"三感"教育的激励下，各级领导干部帅不离位、将不离岗、24小时吃住在现场，共产党员以模范行动带动职工群众，全身心地投入确保一期工程按时投产的战斗。各施工单位将"三感"教育与施工任务和职工思想实际紧密结合，创造了许多特色做法，增强了工程建设人员建设宝钢的光荣感、责任感、紧迫感，激发了他们"建设宝钢，为四化献身，为中国工人阶级争气，为祖国争光"的工作激情，有效促进了工程建设。当然，在奋战的日子里，宝钢工地现场涌现出很多感人故事，形成了宝钢人特有的奋斗精神。

为完成1985年9月投产目标，确保"后墙"不倒，推行了以总进度为中心的网络管理模式。指挥部以工程总进度为中心，把30个一级项目单元工程分解成200多个二级项目、1000多个三级项目进行分级管理。在现场把较小的项目编成技术要领书，明确需达到的具体标准。三级工程项目完成一项确认一项，双方签字，以明确责任，直到工程竣工试生产。经双方确认的技术要领书，作为工程交工的资料存档。在工程总进度安排上，还为生产工人掌握生产技术，留有23个月岗位练兵时间。宝钢按照钢铁联合企业生产流程，制定了全新的系统工程总进度表，作为编制计划、设备订货、材料供应和施工安排的依据，精确安排生产流程和工艺之间的衔接。最后做到了各个单项工程都不脱期，主体、辅助以及配套设施同步建设。

宝钢创造的"以工程总进度为核心"的工程管理模式的成功经验主要在于：首先，现场施工管理把确保总进度作为一切工作的纲，项目决策按合理、先进的原则确定工程建设的总进度，各项工作围绕总进度开展，设计、设备等都按总进度的要求确定交图交货进度。其次，对总进度必须进行过程跟踪和动态控制，使之始终处于有效受控状态，从而对各个环节起到相互协调的作用。最后，在组织架构上，采用"指挥部—项目组—施工队伍"三层级控制。单项工程验收需经单体试车、联动试车和设备功能考核三大程序，只有考核全部合格方可移交生产单元。同时，坚决实行"五小工程（指各区域的仓库、小机修、办公室、食堂、浴室等小项目）、环保装置、生活设施、周边绿化与主体工程同步建成"的竣工验收标准，不搞简易投产。改变单一的以完成投资为依据的传统考核方法，既考核投资完成情况，又重视考核工程的实际进度。

在宝钢工程指挥部的科学指挥下，宝钢建设者们在保质保量的前提下，不但抢回了拖后的3个月工期，甚至还提前半个月实现投产，实现了"工程确保、质量提高、投产不超"的目标，在我国钢铁工业建设史上，前所未有地実现了全方位一次性投产成功。

2. 投产

一期工程以一号高炉1985年9月15日点火为标志，按时投入试生产。在短短7天之内，从高炉点火到初轧出坯，实现了全系列一次投产成功。30个一级工程（其中22个成套引进项目）、234个二级工程、1042个三级工程，一天不差，全部按预定计划投产。

1985年9月15日10时35分，一号高炉点火试生产。9月20日，二号转炉也一次试炼成功。9月21日，初轧厂两架1300毫米初轧机开轧试生产，轧制的是炼钢厂生产的第一批钢锭，按计划轧成板坯。9月28日，6VH连轧生产主体设备投入运行。原先认为投产难度较大的六机架连轧机、强制水冷装置、热火焰清理机、板坯打印机等，都实现了一次投产成功。最后一个项目无缝钢管厂由于工艺、设计、设备、制造等多方面存在问题，未能和其他厂一样持续稳定投入生产，成为一期工程顺利投产的唯一"例外"，直至1993年才得以达到设计年产水平。

宝钢整个工程建设提前半个月实现一号高炉点火，节约投资1.9亿元指标（实际节约2.3005亿元），单位工程质量优良率达96.7%（冶金部规定值为85%），工程质量荣获国家优质工程金质奖。不仅如此，一期建成投产后，生产实现了持续、稳定、顺行。1986年5月18日，中共中央政治局常委、中央纪律检查委员会第一书记陈云视察宝钢，对一期工程取得的成绩表示满意，并题词："埋头实干，从严要求，精益求精，不断创新。"1987年11月1日，宝钢一期工程施工新技术通过国家级鉴定。1989年3月17日，经国家科学技术进步奖评审委员会评定，宝钢一期工程施工新技术荣获国家科学技术进步奖特等奖。

宝钢是为适应改革开放后的经济建设需求，为改变中国钢铁工业的技术、装备、管理水平落后的情况而建设的。宝钢是中华人民共和国成立以来投资最大且备受全国上下关注的工业项目，工程规模之大、技术之复杂，在中国钢铁工业建设史上没有先例。宝钢一期工程能按期建成，且工程质量优良，主辅项目同步建设，联合企业按序列联动试车，投产一次成功，投产后稳定顺行，一年达到设计指标，这些都是大型钢铁企业建设史上的最新成绩。通过成套引进国外先进技术装备，宝钢实现了硬件方面的赶超，使中国钢铁工业技术装备水平与世界先进水平的差距至少缩短了20年，宝钢的建设对于中国钢铁工业的发展具有里程碑式的意义。这中间凝聚了广大建设者和管理者的大量劳动和智慧，积累了宝贵的经验。

宝钢没有像当初担心的那样滑到长江里，这些庞大的进口设备运转起来了，这些设备在外国专家回国后没有趴下，宝钢一期工程建成投产证明中国有能力建设和管理特大型现代化建设项目。宝钢一期工程的建成，为整个宝钢建设打下一个很好的基础。1985年11月，在宝钢一期工程投产时，中共中央、国务院在贺电中指出：宝钢的建成投产"是我国社会主义现代化建设取得的又一重大成就。这对提高我国钢铁工业的生产技术水平和管理水平，对促进国民经济的发展，加快我国社会主义现代化建设，具有重要的意义。"①

---

① 《宝钢志》编纂委员会编：《宝钢志》，上海社会科学院出版社1995年版，第4页。

第四章　新的阶段：宝钢二期工程建设
（1986—1991 年）

　　由于国民经济调整和改革取得重大进展，"六五"计划主要指标提前完成，中国经济改变了以前优先发展重工业的农轻重发展失衡问题，国家财政状况继续好转。一直困扰国民经济的人民吃饭穿衣问题和日用消费品供应问题，逐步得到解决的同时，消费结构开始发生明显变化，吃的要求提高质量，衣着向多样化发展，耐用消费品特别是家用电器的需求大幅度增加。同时，随着城市化进程的加快，对钢材质量及品种要求越来越高。因此，提高质量、增加品种成为发展钢铁工业的战略重点。1987年12月全国冶金工作会议提出，把品种质量作为钢铁工业发展的战略重点，在提高钢铁工业技术进步起点的基础上，加速技术改造。《关于1987年国民经济和社会发展计划草案的报告》指出：1987年钢铁工业的建设，要坚持走以现有企业技术改造和改建扩建为主的路子，中心是上品种、抓矿山。宝钢二期工程的建设就是在这样的背景下，为满足国家经济建设发展需要而规划的。

"七五"时期是我国经济发展战略和经济体制进一步由旧模式向新模式转变的关键时期。宝钢二期工程的筹建与顺利投产印证了我国对经济体制改革的探索和对外开放引进技术的逐渐成熟。在钢铁工业从供不应求转向供大于求、从卖方市场转向买方市场以后，宝钢能够经受严峻考验，1993年、1994年两年宝钢均名列全国效益第一，正是得益于宝钢二期工程的建设。

一、"宁肯借点钱，付点利息"，
也要建设宝钢二期工程

宝钢二期工程是"七五"时期重点工程之一，吸取了一期仓促上马的教训。1982年国家计委下达通知要求开展二期工程可行性研究报告，到1986年元月正式下达二期工程设计任务书的审批文件，前后足足花了4年时间。在决策管理上，宝钢二期工程更加成熟，没有出现一期工程中的"回头论证"和重大曲折。在投资包干基数和设备国产化问题上，是经过机械和冶金两部的领导、专家以及宝钢顾问委员会老专家们反复深入研讨，做出决定的。

1. 邓小平视察宝钢，二期工程提前两年上马

1980年年底，根据国民经济调整的部署，国家将宝钢列入缓建工程。随后，经1981年年初国务院组织论证后，国家又于1981年8月决定宝钢分两期建设，先建一期工程。在一期工程建设中，1982年国家计委下达通知要求开展二期工程可行性研究报告，1983年2月25日至3月3日，冶金部在宝钢召开会议，就指挥部提出的开展二期工程建设进行论证，顾问委员会对二期工程一直很关心，曾多次参与指挥部的调查研究，提出无论从保持技术上的先进性、经济效益的合理性，还是从钢铁联合企业的完整性等方面考虑，二期工程不仅不能停建，而且应尽快开始建设。具体来说，从国民经济发展的需要看，1980年以来，国家每年要进口钢材500万—800万吨，二期工程投产即能生产出优质钢板，每年可为国家节省外汇10亿多美元；从经济效益看，如果不上二期工程，宝钢一期工程建成后，大部分是半成品的钢坯，只有20%是成品钢管，年盈利甚微，二期工程投产后，设备才更加配套，钢材比才更加合理，80%是钢板、钢管等国家急需的短缺产品，利润可观；从技术水平上看，宝钢是钢铁联合企业，设备配套，只有二期投产后，技术先进性和管理现代化才能较为系统、完整。筹划二期工程势在必行。

　　1983年，宝钢将二期项目规划上报冶金部。按规定，宝钢的第二期建设，需在第一期完工后，再经层层审批，再加上五六年建设周期，很可能要拖至20世纪末才能建成。

　　1984年2月11日下午，时年85岁的邓小平乘专列抵达上海。14日听取汇报，在谈到宝钢建设时指出："宝钢二期必须上，不要等'七五'，今年上。不上是个浪费，要争取时间。中国借二三百亿美元的外汇不会有什么问题，还得起。"2月15日，邓小平在宝山宾馆，听取宝钢二期工程的汇报，当时冶金工业部副部长兼宝钢总厂厂长黎明详细汇报了宝钢二期工程前期工作的情况：一是1982年12月，宝钢工程指挥部已按照国家计委有关文件的要求，按时完成了二期工程可行性研究报告；二是1983年2月，冶金工业部组织全国100多名专家对该可行性研究报告进行了论证与审议；三是1983年3月，国务院第九次常务会议已做出"关于继续建设宝钢二期工程的决定"。邓小平指出："宝钢二期工程肯定要上，问题是什么时候上。原来国家计委考虑宝钢二期工程在'七五'期间上，如果一九八五年只要两个亿，还可以考虑上得快一些，不要耽误时间。"①仅仅过了9天，邓小平在同中央领导同志谈话时谈到宝钢二期工程时说："宝钢二期原来安排

————————
　　① 《邓小平年谱（一九七五—一九九七）》（下），中央文献出版社2004年版，第960—961页。

在'七五'上马，现在每年进口1000万吨钢材，这种局面怎么扭转？宝钢二期工程早投产一年，就可以减少进口300万吨钢材，进口一吨钢材要300多美元。从长远看，宝钢二期是否能想想办法，争取早些上。如果到'七五'上，要推迟两年建成，这样很不利。宁肯借点债，付点利钱，我们早一点拿到钢材，总算起来，还是划得来的。这事要确定下来，今年就干，争取时间。"①在邓小平的直接推动下，宝钢二期工程建设时间提前了两年。

1986年1月23日，国务院批准《宝钢二期工程设计任务书的审查报告》。2月22日至26日，宝钢二期工程设备工作会议在上海召开，决定由国内负责总设计。1986年6月18日，热轧工程破土动工；9月25日，宝钢二期连铸工程破土动工；11月20日，宝钢二期焦化工程开始打桩，同日，宝钢二期工程17个项目总合同在北京签订。1987年5月8日，宝钢二期焦炉工程破土动工；7月1日，宝钢二期高炉工程破土动工。宝钢二期工程之所以能够紧跟着一期工程进行建设，离不开党中央、国务院的果断决策。

2. 领导体制

国务院为了加强对宝钢二期工程建设的领导，1986年

---

① 《邓小平年谱（一九七五——九九七）》（下），中央文献出版社2004年版，第964页。

3月，指定李东冶担任协调宝钢工程建设的国务院代表，并同国家计委、冶金工业部、机电部、物资部、财政部、上海市等有关部门领导组成宝钢二期工程领导小组，负责协调各方面的关系，督促检查工作。从宝钢二期工程开始到全面建成投产，李东冶作为国务院代表，共主持召开过13次现场办公会议，及时解决工程建设和生产准备过程中遇到的外部配套、资金、劳动力等一系列问题。每次办公会议后，国家计委及时发出会议纪要，凡重大问题及时向党中央、国务院请示报告，党中央、国务院总是及时审阅批示。因此，下情能够及时上达，上边的指示能够及时贯彻到基层中去，保证了整个二期工程建设始终在党中央、国务院的直接领导下，在国家计委、冶金工业部、机电部、物资部、财政部、上海市等各方面的大力支持下，有计划有步骤地进行。

3. 关于投资包干基数和设备国产化问题的讨论

1986年1月18日上午，国务院常务会议再次听取了李东冶关于宝钢二期工程建设的汇报。这次会议上，主要商议了两件事：一是二期工程实行投资包干（不包括外汇部分），包干的基数是多少？原来国家计委拿出的数字是116亿元，冶金部和宝钢都认为包不下来，后来商量增至120亿元，但由于物价因素和工资等方面的增长使得这个数字也包不下来。各方面议论纷纷，高高低低，莫衷一是。二是设备设计、制造部分如何国产化？国产化的比例是多少？宝钢一期工程设备的设计、制造、安装、调试全部依靠日本，利润全让给了日本，而如果现在完全依靠自己设计、制造，显然也不妥，因为国内尚不具备这个技术实力。怎么办？宝钢和机械部在讨论。宝钢的意思是以日本为主，只有这样，才能保证整个系统正常运行，不影响生产，因为国产设备质量尚没有保障，与国外设备不配套。机械部的意思是以国产化为主，利润是自己的，而且也锻炼了自己的队伍。会上，就这两个问题进行了深入讨论。

　　有关领导说："120亿元包干有困难，再加点钱包死算了，也可以搞物价指数。"宋平说："120亿元打了点系数，做一段再说嘛。"有关领导接着说："宁可多拿几个亿，如5亿，包死。这是最大的节约，否则超10个亿也下不来。"谈到设备问题时，有关领导说："宝钢二期最担心的是设备制造，这与一期不同，二期国内制造要占70%，这不仅包括一般的设备，还有一部分技术要求高的设备，机械工业要过这一关，只能搞好，不能搞坏，不能在部门之间扯皮。""第一，由于国内制造设备量大，要求高，要认真对待。""第二，与国外合作，国内制造量很大。为什么一定与联邦德国合作（指热轧），就因为他们同意我们多做，技术转让比较好。当时冶金部不大同意，有些信不过，经我们干预，搞成了。现在看，机械部的关键，第一怕不能按时交货，第二是质量问题。""第三，机械工业应把这个项目当作大好机会，把水平搞上去。对外通过这项合作可以建立信誉，对国内可以上一个水平。机械工业这几年有进步，一万五千吨长纤维设备搞得不错，但与宝钢比还不一样。这个项目搞不好，机械部部长要撤职，我要做检查。希望机械部、冶金部通力协作。请东冶、林宗棠同志代表国务院抓这件事。如攻不下来，你重大装备办公室也就不行了。我们往往有这种思想，与外商合作很认真，一说国内合作就松一口气。""总之，这个项目要搞好，搞好了可使外国人大吃一惊，使宝钢基本满意，这是一件大好事，应该搞好，切不可马虎。"乔石强调说："有关部门要通力合作。"

作为老资格的工业领导人，薄一波十分重视宝钢工程，他也参加了这次会议，并发表了意见。他说："第一要保证工期，这是关键问题。进度只能提前，不能拖后。第二，机械工业这几年有进步，但大家还信不过。这个项目只能搞好，不能搞坏。搞不好光撤职不行，因为现在撤职也不怕，这里撤职了，别处还可当官。应把林宗棠拿出来，加大权力，各部要听你的。请两位（指李东冶、林宗棠）代表国务院负总责，机械部、冶金部不能不听命令、扯皮。一些问题不必提到张劲夫、姚依林这里来。外国专家看了我们厂子认为行，我们也可以请外国专家来。许多问题可以不提到这里来。甘子玉同志，财政部、建行、外汇管理局不要多讲了，实际上是开始扯皮了。"

这次会议之后，形成了如下决议：一是宝钢二期由国内制造设备，如果机械工业部不能保证质量和交货日期，而使工程建设受到影响，机械工业部主要负责人要撤职。二是鉴于宝钢二期投资包干问题比较复杂，具体怎么包法，由李东冶会同有关部门进一步研究后，提出方案报国务院。常务会议之后，李东冶与有关部委商定，很快组成了宝钢二期工程建设办公会议领导名单，分别为：国家计委干志坚、石启荣，国家经委林宗棠、徐驰，冶金部戚元靖、黎明，机械部赵明生、陆燕荪，煤炭部贾慧生，交通部林祖乙，铁道部石希玉，经贸部王品清，国家物资局罗志卿，国家建材局王健行，建设银行任超，上海市朱宗葆。下设"国家计委、经委宝钢工程联合办公室"，由石启荣任主任。①

关于宝钢二期工程总的技术装备水平和引进方式，是在领导与专家相结合、上下各方反复研究、认识和意见较为统一的情况下，最终由党中央、国务院决策的，充分体现了决策的科学化、民主化。早在1982年4月，受国家委

_____

① 李春雷、刘慧中：《钢铁情缘》，中国经济出版社2007年版，第177—179页。

托，冶金工业部、机械工业部、电子工业部三部合作领导小组召开工作会议，重点研究了宝钢二期工程的技术装备问题。同年5月，国家经委和国家计委批转了三部合作领导小组的工作会议纪要。纪要明确指出，宝钢二期总的技术装备水平应不低于一期，要采取合作设计和制造的方式，有选择地引进国外先进技术和关键设备，要货比三家，择优择廉选用。国务院一再指示，要坚持走这条路，国内制造的设备不要拖外国设备的后腿，不要拖建设项目的后腿，好好把我国冶金设备的制造能力和配套水平提高一步，还要与外国专家和朋友密切合作，努力学习、消化、掌握国外先进技术，把宝钢建成世界第一流的钢铁企业。

二、立足国内，采取合作设计、合作制造的引进方式

随着宝钢建设的推进，我们的自立能力增强，水平逐步提高。一期工程基本采取一揽子引进方式，以新日铁一家总包为主，主体工程总体设计主要靠外国做。二期工程的引进方式进行了重要的调整。

明确了以下原则：装备水平不低于一期，由一期成套引进改为以国内供应为主，引进关键技术和设备，对外尽量采用合作设计和合作制造，既要保持先进性和可靠性，

又要带动国内机电行业提高制造水平。二期的原料场、炼焦、化产回收、高炉、烧结、码头装卸制氧、三号鼓风机、石灰石及白云石焙烧等9项工程，按此原则，以国内为主设计和制造，同时，引进的关键技术和设备，均以小成套或单机"点菜"方式开展对外谈判，签订合同技术附件。冷轧、热轧、连铸三大单元工程中，冷轧已定延期交货，热轧、连铸因装备技术水平高，制造难度大，仍以国外为主，成套引进，采取合作设计和合作制造方式，并以此开展对外谈判。

1. 热轧、连铸合同的谈判、签约

宝钢的热轧带钢厂成套设备合同，在1980年4月30日与日本三菱集团签订。但在同年年底我国国民经济进行调整，宝钢二期工程暂缓建设，冷轧、热轧、连铸均划入二期范围。经过与外商谈判，冷轧合同延期3年交货，热轧则取消原有合同，我方赔偿外商约4000万美元。连铸当时正在与外商进行技术谈判，由于缓建，谈判中止，未签合同。

从我国国情和宝钢实际需要出发，二期工程最核心的项目冷轧、热轧和连铸，采取成套引进、合作设计、合作制造方式。通过第一阶段的引进谈判，认识到在引进技术和设备上，应该特别注意以我为主，摆脱外商摆布，运用国际上通用的货比三家、招标投标的办法来进行。1983年

5月指挥部成立了二期工程对外谈判领导小组，7月，经过对外窗口中技公司正式向外商发出二期热轧和连铸的成套设备询价书。参加竞争的外商，热轧有日本三菱集团、联邦德国的施罗曼·西马克财团；连铸有日本的日立造船、住友重机，联邦德国的施罗曼·西马克财团，以及奥地利的奥钢联。在激烈的竞争中，几家外商为了能获得合同，在技术转让内容、合同条款和价格上不得不做出必要的让步。经过一年多的谈判，1984年12月12日，热轧合同与联邦德国施罗曼·西马克财团在北京正式签订，合同价按当时汇率折合为4.71亿美元。这是中国与西欧技术合作的一项重大突破。在热轧合同签字震波的影响下，欲与中方签订连铸合同的4家厂商竞争激烈，技术转让面放宽。特别是热轧合同签订后对日本厂商的震动，迫使他们大面积转让技术，经对各家厂商的技术和装备的先进性、生产的可靠性、价格等因素综合对比，中方与日本的日立造船株式会社于1985年4月8日在北京正式签订连铸合同，价格按当时汇率折合为2.18亿美元。

结合国情，凡是可由国内设计制造的，应尽量留在国内，不再引进。最终，热轧设备不包括备件和材料，由外商供货约52%，国内合作制造和分交约48%；连铸由外商供货约60%，国内合作制造和分交约40%。另外，这些项目在宝钢整个工程中最关键，对整个工程的成败具有举足轻重的影响，所以提出要仍由外商负总责。为了加强外商责任，宝钢只与外商签订一个供货合同，宝钢对外商供货之间只有直线关系，全部设备的质量、交货进度以及互相衔接配合由外商负技术和经济上的责任。宝钢对整套设备支付外汇，而外商从中分出一部分外汇转分给中方的制造厂。这样从国家来说，因为中方制造厂从外商那里收回了一部分外汇，所以，宝钢实际使用的外汇数额减少了。

同时，为了逐步培养我国热轧、连铸的工艺设计、工厂设计、设备设计制造整套技术力量，要求外商对我方进行设计制造的技术转让，培训我方技术人员，这对加速我国冶金机械电子工业的发展是十分有利的。热轧和连铸合同还有一个特点是，成套设备合同包括生产培训和生产指导，不需要再与生产指导厂单独签合同。这样做，责任容易分清，价格也会便宜一些。另外，在热轧和连铸合同中，还购买了正常生产一年所需的备品备件和特殊材料，这比单独另签合同购买要经济一些，而且对及时投产较为有利。

2. 二期高炉、烧结、焦化系统以及三号高炉系统合同的谈判、签约

在宝钢二期工程决策中，二期工程的高炉，建4000立方米还是3000立方米呢？经广泛论证，结论认为：这两者在装备水平、对原燃料条件的要求上，相差无几，都可基

本立足国内、以我为主进行设计和设备成套制造。中国金属学会炼铁学术委员会也专门进行讨论提出的咨询意见认为：二号高炉仍以建4000立方米为妥。这样，上下统一了认识。同时要求，二期的高炉、烧结、焦化项目，要更进一步采取总体由国内负责（包括设计），局部"点菜"方式引进关键性技术和设备（包括小成套项目设计），大大提高国产化比例，增强自立能力，节约外汇。

1984年8月，冶金部在北京市昌平县召开宝钢二期工程设计方案审查会议，确定二期高炉、烧结、焦化系统的项目和国内外的供货范围，开始进行二期"高、烧、焦"引进项目的技术交流。1985年8月派出两个考察团，分赴日本和美国考察"高、烧、焦"新技术和新装备。12月，中技公司陆续向日本、美国、联邦德国厂商发出二期"高、烧、焦"引进项目询价书。1986年5月，日本、联邦德国、美国有关厂商陆续发来二期"高、烧、焦"系统项目报价书。6月，二期"高、烧、焦"系统引进单机及小成套设备谈判正式开始。中方为了真正实现"货比三家"，向日本新日铁、川崎制铁株式会社等厂商发出询价书，并针对日本国内舆论盛传的宝钢二号高炉的外商中方已经内定的说法，反复说明"货比三家"的意愿，主张竞争到底。由于中方在二号高炉项目上真正实行"货比三家"，外国厂商们这才积极投入到其他项目的竞争中去。二号高炉的"三电"（电气控制、电子计算机、仪表）小成套项目，起初只向日本一家厂商发出询价书，但是，这家厂商的第一次报价竟高达6000万美元。此时，中方邀请另一家美国公司参加交流并发出询价书，那家日本厂商便主动降价到2100万美元成交。二号烧结主抽风机，原先只邀请日本两家公司报价，但是开价都在10亿日元左右（合743万—894万美元），而且价格定得很死。鉴于此，中方邀请另一家英国公司来宝钢参加竞争，日本两公司得此消息，立即将价格降低近1/3（470万—506万美元），最后，这家英国公司于1986年12月以252万美元（合近3亿日元）签约。

这些项目的总体设计、工艺设计一般均由国内负责，大部分设备的设计、制造立足国内，仅引进当时国内尚不能制造的或达不到必要先进水平的，以及近年来国际上新开发的、成熟可靠的设备。对宝钢有明显经济效益的新技术，引进采用"点菜"方式，按小成套和单机引进。这样，提高了留在国内制造设备的比例，大大节约了外汇。二期的"高、烧、焦"设备中国内制造占87%，而一期仅占0.6%。所费外汇按美元计，二期"高、烧、焦"仅为一期所费的27%。如果考虑到美元的贬值，这个百分数还要小些。

至1986年12月，二期高炉、烧结、焦化系统共签订9个合同。1987年，签署了37个单机或小成套合同。1988年，又签订10个单机或小成套合同。此外，还签订国内总包、国外配套项目合同13个。二期工程合同执行完毕后，1991年开始，三号高炉（当时称"一号高炉易地大修"）进行合同谈判和签约，"货比三家""点菜"方式继续指导引进工作。日本的横河电机和安川联手与美国的西屋公司、贝利公司在三号高炉"三电"项目中展开了竞争，结果西屋公司取得合同。新日铁和川崎制铁在高炉冷却壁项目中展开竞争，新日铁取得合同。无料钟炉顶装置和水渣转鼓设备属于卢森堡保尔沃特（PAUL WURTH，简称"P·W"）公司的专利，为尊重知识产权方面的国际公法，中方仍然再次与P·W公司签订了引进合同。

3. 提高国内设计水平

宝钢二期工程结束后，二期工程冷轧设备的国产化比例占2/3左右，连铸、热轧设备国产化率占44％，高炉、烧结、焦化设备国产化率达88％。二期工程设备以国产化为主，带动了国内机械、电子、化工等行业，全国几百家工厂参加了宝钢二期设备制造的大会战。

在二期工程中，除引进5项国内自制尚有困难的单机外，其余从工艺设计到设备配套都实现了国产化，节省外汇1716万美元。长沙院通过消化一期引进的450平方米烧结机技术，主要部位实现了国产化。重庆院在二期工程中，以国内为主，设计和制造了4063立方米高炉。二期工程国内设计，并不局限于对一期新技术的吸收、运用，而是在许多项目中做到结合国情有所创新。鞍山焦耐院积累了长期设计焦炉的经验，在吸收国内外各类炉型优点的基础上，从1983年起就结合二期焦炉炉型的论证，通过模拟试验和工业性试验，设计出JN6087型大容积焦炉。这种炉型的焦炉结构严密，温度压力调节简便，热工效率高，砖型简化，从焦炉本体到焦炉各部位设备实现了全套国产化，可节省外汇8800万美元；该项目获得宝钢第二届科技进步特等奖，该炉型设计组获上海市1991年劳模集体称号。焦化酚氰废水处理，一期工程虽然采用了国外设计的三级处理方式，但其中氨氮含量仍然达不到上海市排放标准。鞍山焦耐院经过一年多的现场试验，采用A/O法，成功地使废水经该法处理后，氨氮量小于15毫克每升，达到上海市排放标准，在此基础上顺利完成了施工图设计，确保国内设计质量。

宝钢一期工程中的主要设备和设施全由日本人负责设计、制造并安装。宝钢二期工程建设始终，提出了一项以市场换技术的战略，即"合作设计、合作制造"的方针。根据这个方针，确定宝钢二期工程所需核心设备以外方为主设计，但必须由我方配合设计制造；辅助设备由我方为主设计，以我为主制造。这样，既培育了中国的制造业，也节省了外汇。这是一条符合中国国情的机械工业升级之路。李东冶说，宝钢工程是一个门槛，是一把尺子，也是一把刀子。国内最重要的大中型机械制造厂几乎都参与了进来，都变成了小心翼翼的学徒工，在狠狠地修正着自己。这是一个历史性的跨越，中国机械制造工业由此一步前进20年。[①]

三、推行"四包两保"投资包干模式

宝钢二期工程是国家"七五"计划期间的重点建设项目。从一期工程的国内建设费包干，发展到二期工程的全方位包干，宝钢在建设实践中开辟出了一条大型工程项目建设投资管控的创新之路。

1987年年底，国家批准二期工程初步设计总概算为172.4亿元。其中，外汇20亿美元，折合人民币104.4亿元；国内建设投资68亿元。在充分总结一期工程投资包干经验的基础上，结合二期工程的特点，宝钢将投资包干方式进一步发展和创新，形成由指挥部包国内建设费、包外汇额度、包建设工程、包形成综合生产能力，保证投资不超、保证工程总体水平不低于一期的"四包两保"的包干模式，是对总投资实施的全方位包干。

为应对复杂的国内外经济形势，降低投资包干风险，

---

① 李春雷、刘慧中：《钢铁情缘》，中国经济出版社2007年版，第183页。

控制工程造价，宝钢工程指挥部创新运作方法，强化基础工作，不断健全投资包干责任制。其一，实施符合二期工程特点的投资包干办法，外汇部分全额包干；国内建设费部分，针对不同单位按不同类别实施分类包干。其二，做好价差管理，按每年上涨6%的物价指数计算核定价差，保证概算精度，使投资不留缺口。其三，从设计开始就控制投资。其四，择优选定设备制造厂，节约外汇。其五，加强投资动态管理，设计出以计算机管理价差的调价系统程序，减少浪费，并加强对设备重量的审核，做好对投资包干的监督检查，实行清理和测算常态化。

在风险因素多、包干困难大的情况下，二期工程指挥部对包干后节余的投资实行"五五"分成，即50%归还贷款，50%指挥部留成；指挥部留成部分按"六二二"比例分别用于生产发展基金、集体福利基金和职工分成收入。分指挥部对单元工程按概算投资包干后，节余的投资实行"三七"分成，即上缴指挥部30%，分指挥部留成的70%再按"四三三"比例分成，用于生产发展基金、集体福利基金和职工分成收入。职工分成收入相较一期有了明显提高，最终实现二期工程决算节余国内投资2.5亿元，外汇成交额也略有节余。

二期工程投资包干与一期工程相比，主要有以下特点：

（1）一期工程只包国内建设费，包干的投资占一期总投资的32%；二期工程实行全额包干，包国内建设费，又包外汇成交额。

（2）一期工程投资包干期间，价格较稳定；二期工程投资包干期间，价格调整幅度大，加上新税种出台、税率提高、附加费用增多等，包干风险大。

（3）一期工程包干时，主体工程施工图已完成90%；二期工程包干时，主体工程除冷轧外，施工图都未完成，由于设计深度不够，增加了包干难度。

（4）一期工程进口设备费用不包干；二期工程不仅要包20亿美元进口设备的成交额，而且要承担签约前国际金融市场汇率变化的风险（签约后由国家承担）。

（5）一期工程国内设备费3.62亿元，占包干指标40.5亿元的9%；二期工程国内设备费14.28亿元，占国内投资包干指标的21%，由于国产设备修、配、改、代的量大，投资包干的难度大大增加。

此外，在宝钢二期工程建设过程中，设计、施工、设备和生产四方通力合作，在实践中摸索出"四结合"的经验。所谓"四结合"，就是设计、施工、设备和生产4个方面的结合，是一种合作体制和管理方法。"四结合"在一期工程时期已具雏形，在二期工程建设中全面推行，实践证明这是优化设计、提高设备制造质量、解决问题的有效手段。宝钢通过自身实践与经验积累，创造性地提出把设计设备制造、施工和生产"既互相制约又互相依存"的四方力量统一到工程建设上来，形成完整的管理模式，实现了4个方面目标一致、广泛协同、取长补短、优势叠加、共同进步。这是宝钢工程建设实践的一项创新，是宝钢集中一贯制管理思想的发展，是国有企业体制优势和政治优势的体现。[①]

四、二期投产，宝钢进入新的阶段

宝钢二期冷轧、热轧、连铸工程分别于1988年12月、1989年10月和1989年7月相继建成投产，二号高炉系统于1991年6月建成并投入试生产。1992年6月，二期高炉、烧结、焦炉系统达到月设计产量，主要技术经济指标优于全套引进的一号高炉系统同期水平。二号高炉顺利出铁，标志着二期工程基本建成，进入试生产阶段。1992年产钢水672.9万吨，达到一、二期工程最终年设计产量。1993年产钢水722万吨，超过设计产量7.6%。二期工程建成，宝钢形成了年产650万吨铁、671万吨钢的设计生产能力，标志着宝钢成为颇具规模的大型钢铁联合企业。二期工程一级项目共28个，单位工程优良率达98.4%。其中，二期工

---

① 中国宝武钢铁集团有限公司编著：《黎明与宝钢之路》，中信出版集团2017年版，第23页。

程的冷轧、热轧和连铸工程先后获得"国家优质工程金质奖"，2050毫米热轧获得建设部颁发的"鲁班奖"。宝钢由此进入了新的阶段。

宝钢二期工程实现部分引进技术的国产化，成功地消化吸收国外技术。二期工程中冷轧、热轧、连铸等工程是与外商合作设计、合作制造设备，自己施工安装，国内制造量平均达到44%；二期高炉系统是立足国内，以我为主设计、制造设备、施工安装。二期高炉系统设备国产化率达88%，其中高炉和焦化占90%以上。这么大的工程逐渐以我为主进行建设，在我国冶金建设史上尚属首次，是中国钢铁发展史上的一座里程碑。20世纪五六十年代我们能够自主建设1500—2000立方米高炉，那是发展的第一座里程碑。以后停滞不前，时隔30年，我们自主建成的4063立方米高炉投产，是又一次飞跃。日本钢铁工业实现现代化在五六十年代取得突破性进展，就是从自建高炉开始的，10年后炼钢和轧钢也才实现了自建。所以把现代化高炉的建成看作整个钢铁工业向现代化迈进的里程碑。通过国际协作，增强了我国大型工程装备等的设计能力，提高了我国机电设备制造的技术水平，使我国机电制造业掌握了一些先进加工工艺和技术，培训和锻炼了科技队伍。

在产品结构上，由于中途停建，宝钢一期工程等主体项目集中在炼钢之前的工序，一期除年产50万吨无缝钢管外，约80%的产品是商品钢坯。但最能产生效益和对国民经济建设起支撑作用的轧钢部分却没有动工。而这时，正是中国的国民经济全面恢复时期，国家建设缺少钢材，进口日巨，特别是急需的板、管、带材，更是炙手可热。1984年，中国钢材进口已达1300多万吨，用外汇40多亿美元。二期投产后，80%的产品为钢材，新增各种板材372万吨，其中热轧板162万吨、冷轧板210万吨。在冷轧板中，热镀锌板25万吨，电镀锌板9万吨，涂层板16万吨，瓦楞板10万吨，为国家经济建设和发展提供了各种急需钢材。1991年，宝钢生产市场紧俏的薄规格冷轧板的比例，由设计的4.3%提高到12.63%；全国紧缺的14种钢材短线产品，宝钢生产7种，共145.6万吨，占当年全国短线品种产量的23%，比国家下达的计划超产53.1万吨。1992年列入国家短缺品种的钢材17种，宝钢生产8种，国家下达计划152万吨，宝钢实际生产188万吨，超产36万吨。

　　1993年，宝钢进一步调整了产品结构，继续向汽车用钢、石油用钢和高技术含量、高附加值的产品倾斜，宝钢产销两旺，跨入了全面达到年设计产量的新阶段。全年产铁656.6万吨，钢锭加连铸钢坯698.4万吨（折合钢水722万吨），第一次全部达到设计水平并略有超过，其中高技术含量、高附加值钢材和商品钢坯占1/3，达到国际先进实物质量水平的占3/4。全年节能降耗也有新进展，吨钢可比能耗790千克，比1992年降低17千克，转炉工序保持负能炼钢。全年完成销售额181.8亿元，实现利税58.15亿元，比1992年增长117.8%。钢材出口39.7万吨，加上"以产顶进"，创汇达4.9亿美元，比1992年增长87.8%，合同（包括占全部商品钢材41.68%的统配合同）完成率100%。8月，中国质量管理协会和冶金工业质量管理协会对全国11家特大型钢铁企业的产品质量和服务质量进行了用户评价调查，宝钢的产品质量和服务质量双获第一。10月，中国质量管理协会用户委员会授予宝钢"全国用户满意企业"金牌，宝光牌汽车深冲钢板获得"全国满意产品"称号。

二期达产后，国家每年可减少钢板进口，节省大量外汇。因此，二期工程不仅是宝钢整个工程的重要组成部分，而且是宝钢整个工程的关键和效益所在。二期工程建成投产，宝钢销售收入大幅增长，1986年宝钢销售收入10.59亿元，利润为0.83亿元，1995年销售收入达253.83亿元，利润为39.06亿元。据统计，1986年至1995年，实现销售收入1002亿元，实现利润168亿元。1993年和1994年，宝钢连续两年名列全国500家最佳经济效益企业榜首。迅速增长的经济效益，不仅使宝钢于1995年提前8年还清了用于二期工程建设的国内贷款本息，而且为宝钢自筹资金建设三期工程提供了保证。

第五章 迈向千万吨级：宝钢三期工程建设 （1991—2000年）

　　1993年12月，以1580毫米热轧项目打桩为标志，宝钢三期工程拉开建设帷幕。经过7年的建设，三期工程在迈向21世纪时竣工。宝钢三期工程建设处在计划经济向市场经济转轨时期，企业成为市场竞争主体和投资主体，三期工程建设率先实施由企业自行筹集资金。宝钢三期工程改变了过去大成套引进设备采购机制，采取"点菜"式小成套引进、国内总成的设备设计供货机制，总体设备国产化率超过80%。宝钢三期工程主要产品是高级轿车用镀锌板、家用电器面板、电机制造用冷轧硅钢片和饮料食品制罐用马口铁等高技术含量、高附加值专用钢材品种，全部可以替代进口产品。这改变了宝钢一期和二期工程产品主要为钢坯、建筑和普通热轧板、冷轧板的产品结构。宝钢三期工程使宝钢的建设规模从一期的312万吨钢、二期的671万吨钢，提高到1100万吨钢的生产能力，实现了党的十四大报告中提出的"抓紧千万吨级钢铁基地等跨世纪特大型工程建设"的目标。

一、建设宝钢三期工程势在必行

宝钢三期工程规划是充分考虑国内市场和国际竞争需求做出的决策,邓小平1989年就讲过:"钢,外国人判断我们将来需要一亿二千万吨,现在我们接近六千万吨,还差一半。如果在现有企业的基础上加以改造,增加二千万吨,就可少进口钢材。我们要抓住当前有利时机,加快宝钢三期工程建设,积极推进新厂建设,加快钢铁工业发展。"[1]

进入20世纪90年代,我国已由解决温饱转向争取小康,消费层次提升,现有的生产结构不但要继续消除瓶颈和薄弱环节,而且要着力优化升级,以满足不断提高的消费需求,因而在平衡总量、抑制通货膨胀的同时,调整和优化产业和产品结构,也是一项迫切任务。1989年1月12日,全国冶金工业会议在北京召开,提出实行钢铁工业持续稳定发展的工作方针和具体措施:

(1)调整产品结构,大力增产国民经济各部门急需的短缺钢材,增加有效供给。

---

[1] 《宝钢志》编纂委员会编:《宝钢志》,上海社会科学院出版社1995年版,第511页。

（2）以提高成材率、降低能源消耗为重点，大力提高经济效益。

（3）把资金集中用于保品种、保质量、保效益的重点项目和过程。

（4）综合治理整顿，加强行业管理，强化宏观控制。

20世纪90年代初，冶金部提出要上"四个新台阶"：上品种、质量水平的新台阶，增产国民经济发展需要的关键品种和适销对路的钢材；上现代化水平的新台阶，把工艺技术和装备水平提高一大步；上集约经营和规模经济的新台阶，提高劳动生产率；上综合经济效益水平的新台阶，增强钢铁企业面向国内外市场、参与竞争的能力。

1992年年初邓小平的南方谈话，使全国上下摆脱了思想禁锢，加上经济治理整顿的结束，各地掀起了新一轮经济建设高潮，基础建设蓬勃兴起，对钢材需求迅速升温。党的十四大报告中提出"抓紧千万吨级钢铁基地等跨世纪特大型工程建设"的目标。

宝钢一、二期建设的轧机品种主要有直径140毫米无缝钢管轧机、2050毫米热带钢轧机和2030毫米冷带钢轧机。投产后虽然给国内市场提供了许多关键品种，但仍不适应国家社会主义现代化建设的需要。如提供的冷轧薄板及其覆层板尚不能适应小轿车等的需要，国家每年需要花几十亿美元进口高技术含量、高附加值的板管材，特别是冷轧薄板及其覆层板。据20世纪90年代初的不完全统计，我国冷轧薄板的自给率只有50%左右，镀锡板的自给率只有30%左右，冷轧硅钢片的自给率只有10%左右，非常需要加强关键品种轧机的建设。

如果平地起家再新建一个现代化钢铁基地，花费太大，时间太长，选择现有的钢铁企业进行扩建，是又快又省的办法。20世纪70年代末，宝钢一期、二期工程投资300亿元，建成了年产671万吨钢的大型钢铁联合企业，初衷就有"替代进口"之意。但是，国家每年仍需要大量进口电工钢、汽车板、镀锡板等钢材。用不了几年，汽车、家电和食品工业将成为中国民族工业的亮点，成为支撑国家经济的主体力量，这都需要高技术含量的钢材。正如黎明所说，20世纪90年代以后，我国国产轿车迅速发展，但轿车面板很少有国产货。虽然二期建成后宝钢生产出了"O5"板，但由于二期设备、工艺上的限制和系统处理的欠缺，在综合质量上仍无法与国外产品抗衡。至于家电业，由于国产钢材的光洁度不能满足市场要求，基本上长期不用国产货。随着人民生活水平的提高，各种罐装和保鲜饮品、食品成了社会时尚，但用以包装这些饮品、食品的钢板制品国内难以生产，至于制作易拉罐的板材更是空白。为减少国家每年进口国内紧缺的冷轧高牌号硅钢片、汽车用高性能深冲钢板、食品包装用马口铁以及建筑和家电用涂镀层钢卷等钢铁产品，为改善中国钢铁产品的品种结构，宝钢在一期、二期工程基础上，建设三期工程，才可以生产国内市场急需的高难度和高附加值的产品，进一步承担"替代进口"的任务。

此外，宝钢完成一、二期工程建设之后，虽然也称得上是一个现代化的钢铁企业，但其档次、规模与世界上一流水平的钢铁企业相比，差距甚大。如宝钢的冷轧薄板在国内是名列前茅的，但在世界上赶不上日本的新日铁、韩国的浦项，甚至比不上中国台湾的中钢。又如宝钢的生产规模，年产钢670多万吨，在国内能排上第三位，在国际钢铁界只是中等水平，在世界上就排到十几位去了，大约为日本新日铁或韩国浦项年产钢的1/4。宝钢不发展成为高档次的千万吨级钢铁企业，难以参与国际市场中与先进钢铁企业的竞争，中国没有高档次的千万吨级钢铁企业，也难以由世界钢铁大国转变为世界钢铁强国。

宝钢一开始的战略定位，就是要瞄准世界一流水平，并以世界一流钢铁企业为竞争对手，参与国际竞争。从1993年起，宝钢确立创世界一流企业目标。1995年，宝钢投产10周年，江泽民为宝钢题词："办世界一流企业，创世界一流水平。"宝钢集团面向21世纪的发展战略目标为：用15年时间，即2010年建成一个跨国家、跨行业的一业为主、多业并举的集实业、金融、贸易于一体的大型企业集团，跻身世界500强。钢铁工业要走向世界，参与国际竞争，建设宝钢三期工程势在必行。

二、统一思想，得到上海市的支持

20世纪90年代初，宝钢二期工程建设完成之后，宝钢达到年产671万吨钢的规模。从规模上来说，宝钢还只是一个中型企业，特别是在高新技术和产品方面，宝钢尚不具备在国际上竞争的优势，部分产品还不能替代进口。1985年11月，中央领导在出席宝钢一期工程投产庆典期间提出："宝钢应搞三期，扩建到年产钢铁1000万吨的规模。"1986年上半年，国家计委和冶金部先后下发通知，要求宝钢工程指挥部抓紧组织三期工程规划工作。1986年8月18日，指挥部向冶金部报送《关于利用外资提前建设宝钢三期工程初步方案设想》。同年12月，冶金部下发《关于开展宝钢三期工程前期工作的通知》后，指挥部组织重庆院（总体设计院）、武汉院、北京院3个钢铁设计研究院完成宝钢三期工程规划方案编制。

当时有不少反对意见，或认为宝钢耗资大，效果不好，认为搞中等规模、中等技术水平才符合国情；或认为上海是个大都市，应发展高精尖产业，像钢铁那种传统产业不应多搞，不赞成把现代化的钢铁工业列为上海的支柱产业。宝钢三期工程按现价经估算需要600亿元，包括21亿美元外汇，是一个天文数字；不赞成建设三期的人员指出建设宝钢10多年来，把国家安排给各大钢厂的建设资金几乎全占了。另外，上海市有关部门的想法与宝钢相左。上三期对上海地方来说，当然求之不得，然而，地方有地方的打算：宝钢上三期没意见，但宝钢三期应侧重于与上海钢铁厂的协作，应当考虑把宝钢的铁水直接供上海的钢厂炼钢，或者向上海的钢厂提供钢坯，给上海的钢厂轧制，等等。如果这样，宝钢等于原地踏步，建设三期毫无意义。更出乎意料的是，许多宝钢职工也不赞成：累了10多年，挨骂了10多年，现在终于出头了，要上三期了，三期600亿元，就是存到银行里，宝钢人吃利息也吃不完，真不知瞎折腾个啥。还有人表示宝钢在"八五"期间基本维持二期建设内容，不再搞三期扩建，主张通过挖掘一炼钢厂能力，或者必要时增加电炉，使宝钢总体规模达到年产钢800万吨左右。

宝钢要上三期，必须取得上海支持。1987年2月，黎明和上海市领导交换了宝钢三期规划的意见。黎明谈到，上三期要注意效益，因此，形成完整体系为妥。他还针对有人认为上海市不应把钢铁工业作为支柱产业的看法，提出自己不同的意见：中国尚是发展中国家，经济发展到发达国家还需一段不短的行程，现在就把发达国家的情况搬来硬套，势必束缚手脚，影响发展速度。他还举例说明，即使工业发达的国家，亦有在大城市周围建较大规模钢铁工厂的例子。比如日本东京周围就集中了规模约年产3000万吨钢的新日铁的君津制铁所、川崎的千叶制铁所、日本钢管的扇岛制铁所和住友金属的鹿岛制铁所；又如美国第二大城市芝加哥北郊就有3座年产钢约600万吨的大型钢铁厂（吉里厂、伯恩港厂和内陆厂）；又如德国大城市杜塞尔多夫之西不远的杜伊斯堡，就是诸大钢铁厂集中处，有蒂森、克虏伯、曼尼斯曼等，总共年产钢能力达1600万吨。发展钢铁是强国之道，不容怀疑。

针对上海市有关部门对宝钢三期的一些要求，黎明指出，如果送热铁水给上钢一厂，有3个不利因素：一要修铁路专线，沿途拆迁量太大；二是上钢一厂的转炉太小，宝钢320吨的铁水车的铁水要分10次才能炼完，等待时间过长，由于铁水温度降低，又是个"大壶小酒盅"的问题；三也是最关键的，宝钢耗资数百亿元建起的三期不去生产高技术含量、高附加值、替代进口的产品，而是供上海一些老轧机去生产一般档次的产品，实在得不偿失。时任上海市长的江泽民明确表示宝钢的意见颇有道理，请上海市有关部门再研究一下。事后，江泽民与有关人员一起踏勘宝钢以及宝钢到上钢一厂的沿线，最后，确认拆迁太多，方案难以实现。时隔不久，江泽民正式告知宝钢领导，表示市里同意宝钢三期自成体系的方案，不外送铁水或增供连铸钢坯。后来双方又商定，如果上钢一厂要建高炉，宝钢可提供部分烧结矿或者转供部分铁矿石。这样，宝钢三期扩建工程就取得了上海市强有力的支持。

三、宝钢三期工程可行性研究报告

1987年9月，指挥部邀请在上海的原宝钢的领导及有关专家进行座谈，听取大家对建设宝钢三期工程的意见。1988年9月，又邀请全国冶金系统专家召开为期6天的宝钢发展战略研讨会。专家们认为，宝钢三期工程应该继续进行建设。这次会议上有39位同志在大会上宣读论文，30位同志在小组里做报告，17位同志在大会上发言，这些发言都有很多很好的意见、建议和评价。大家预测宝钢三期工程具有投资省、建设快、效益好的优势。许多专家建议宝钢三期的产品方案要从改善全国钢材品种结构、发展宝钢的规模效益综合考虑，更多地生产汽车板、镀锌板、镀锡板及电工钢板等。

黎明在闭幕大会上做总结性讲话。他讲到，发展规模以每年1000万吨为合适，关于产品，以建成一个全部生产板材的工厂为最合适，三期应进一步供应食品工业所需镀锡板、镀铬板和机电工业需要的冷轧硅钢板。关于三期工程怎么建，他认为三号高炉应早建，以免一号高炉大修时缺铁，使宝钢的产钢能力几乎减少一半而造成损失。另外，应早建第二冷轧厂，早出镀锡板。然后，就上热轧板厂，上第二炼钢厂和连铸机，就是两头夹攻，再向中心进军。最后他强调，宝钢的产品不仅仅在质量上、信誉上，而且在成本上都应具有在国际市场上竞争的能力。这些发展目标都在以后宝钢三期工程的可行性研究报告中得到充分体现。

通过上述一系列工作，各方面的领导和专家们认为，无论从我国的工业材料资源和宝钢的现状出发，还是从未来的发展和需要出发，宝钢三期工程应该上。经过多方案反复比较，结合宝钢现有的情况，三期工程建成后，规模以年产钢铁1000万吨为宜。产品方案，应以板材为主。宝钢建三期有不少有利条件：一是宝钢已建设两期工程，各种生活配套设施齐全；二是宝钢产品有品种的优势；三是同样增加300万吨钢铁的年产量，在宝钢建三期比在其他地方节约投资；四是宝钢工地已集结了强有力的施工、设计、科研和生产队伍，有利于加快三期建设进度。

1989年5月底，经反复论证，完成三期工程第一步建设项目可行性研究报告，上报冶金部。鉴于三期建设增添冷轧硅钢和燃气轮机组，三号高炉（后为一号高炉易地大修工程）列入基建工程，指挥部又组织对《宝钢三期预可行性研究》进行补充修订，并于1989年10月报冶金部。1990年4月3日，指挥部向冶金部正式上报《宝钢三期工程项目建议书》和《宝钢三期工程预可行性研究报告》。"1991年2月20日，冶金部《关于宝钢三期工程的报告》报国家计委并报国务院。1991年2月22日，时任国务院副总理邹家华批示：'如果今后十年中要安排一个300万吨的新的钢厂，倒不如安排宝钢三期，会得到投资少、周期短、效益好的结果。'同年2月25日，时任国务院总理李鹏批示'由计委综合平衡'，之后国家计委委托中国国际工程咨询公司对《宝钢三期工程项目建议书》进行评估，并组织各方专家做了深入的调查研究，于1991年8月3日提出评估报告。"①

　　1992年6月12日，指挥部决定分别成立三期工程炼铁、炼钢、热轧、冷轧、公用配套、厂外工程6个项目管理组。6月26日至27日，宝钢三期工程首次前期工作会议举行。8月，国务院批准宝钢三期项目建议书。1992年12月9日，指挥部向冶金部上报《宝钢三期工程可行性研究报告》。1993年8月，国务院批准了宝钢三期工程建设的可行性报告，同意建设宝钢三期工程，提出了主要建设内容、进度和条件等。

　　宝钢三期工程的主要设备：1座4350立方米高炉（经

<hr>

① 　《宝钢志》编纂委员会编：《宝钢志（1993—1998）》，上海古籍出版社2000年版，第171页。

国务院批准，已按一号高炉易地大修开工建设）、1台450平方米烧结机、4座50孔大容积焦炉、2座250吨转炉、1座150吨超高功率直流电弧炉、2台1450毫米双流板坯和1台六流圆坯连铸机；1套1580毫米热轧带钢轧机、1套1420毫米和1套1550毫米冷轧带钢轧机、1套冷轧硅钢片轧机；第3台35万千瓦发电机和1套14.5万千瓦热电装置，以及扩建码头、原料场等公用辅助设施。

建设进度：初步安排，三期工程于2000年基本建成，届时宝钢形成年产1075吨钢（水）的能力。"八五"期间，重点建设热轧板机和1420毫米冷轧板机、电炉及圆坯连铸机，同时，安排第三台发电机组、转炉及板坯连铸机和保证3座高炉同时生产的配套工程。"九五"期间，再开工建设第二套冷轧板机、硅钢及相应的公用辅助设施。

资金来源：三期工程总投资为326.8亿元（含"八五"涨价预备金16.3亿元，不包括利用一般出口信贷和商业贷款等外资所进口的设备、材料的关税和增值税约34亿元），其中外汇19.25亿美元（含建设期贷款利息1.57亿美元），折合人民币110.8亿元，国内资金216亿元。所需外汇，借用国外商业贷款和出口信贷16.256亿美元、利用日本海外协力基金310亿日元（折2.548亿美元），企业自筹4460万美元。利用日本海外协力基金和国外商业贷款的外资方案，需分别报计委另行审批。国内配套资金，由公司自筹解决。

　　"八五"期间安排投资100亿元，其中外汇6亿美元（包括日本海外协力基金237亿日元，折1.95亿美元；企业自筹4460万美元；其余由企业借用国外商业贷款和出口信贷解决），折合34.5亿元。其余投资在"九五"期间及以后安排。"八五"期间所需投资规模，除高炉项目的16.75亿元已纳入"八五"全民固定资产投资的其他规模外，其余83.25亿元增列入钢铁工业中央基建规模。

　　外汇平衡。在宝钢三期工程偿还外汇贷款期间，同意公司每年出口部分钢材换汇，以偿还外资本息，具体出口钢材品种和数量在年度计划中报请有关部门审批，并列入外经贸部出口还贷计划，外汇留成比例按国务院国发（91）49号文件中的有关规定办理。三期工程生产所需进口铁矿石等原料、燃料和备品备件所需外汇原则上由公司自筹解决。[①]

四、采取"点菜式"引进方式，促进装备制造业跨越式发展

　　三期工程有重大突破的地方是采取"点菜式"引进，工程的总体规划和总体设计全部由国内承担。三期工程设

---

　　① 《宝钢志》编纂委员会编：《宝钢志（1993—1998）》，上海古籍出版社2000年版，第393—394页。

计共采用各项新技术、新工艺、新设备243项，其中158项达到世界领先水平，国内自行开发创新53项，国内外联合开发研究28项。三期工程设备国产化率由一期的12%、二期的61%提高到80%以上，国产装备经受了考验，生产出高技术含量、高附加值产品。中国的设备制造行业也提高了设备制造水平。

1. 三期工程设计基本原则

1992年8月，指挥部确定三期工程设计基本原则[①]：

三期工程设计工作指导方针是各个项目工艺和技术装备水平，无论是引进还是国产，都必须在21世纪初仍具有世界一流水平。产品质量应是世界一流水平，成本和消耗要低，设备先进可靠。

三期工程工厂设计以国内为主。各设计单位要继续消化一、二期工程引进技术，吸取经验教训，要适应现代化管理需要，按集中一贯管理、专业分工和社会化协作原则设计。生产定员完全参照国外先进厂标准设置。提高装备自动化水平，提高劳动生产率。

三期厂房设计，厂房屋面、墙面、窗及维护结构采用涂层板，按色彩区域管理规定选择涂层板颜色。

---

① 《宝钢志》编纂委员会编：《宝钢志（1993—1998）》，上海古籍出版社2000年版，第174页。

三期高炉、焦化烧结、炼钢和连铸等设备制造以国内为主，轧钢设备制造以国外为主。在满足先进、适用、可靠的前提下，尽可能采用国产设备，以提高设备国产化率，但不盲目追求国产化比例。同类型设备尽量统一，使一、二、三期设备逐渐统一，以利备品备件标准化。

三期产品方案必须充分考虑"双高"（高技术含量、高附加值）产品。为三期产品适应国内外市场的需要，必须搞好调查和预测。在设计时，力求降低消耗，使产品在国内外市场上保持竞争力。坚持产品一贯制和工序服从原则，上工序必须服从下工序要求，同时做到在技术上各单元项目合理分工。

按三期工程投资主体变化的新情况严格控制投资。工艺方案阶段要进行多方案技术经济比较，做到优选优化。初步设计概算不超可行性研究投资估算；施工图设计预算不超初步设计概算。参照三号高炉概算编制原则，使三期工程设计概算更趋合理。

三期工程环境保护、消防、劳动防护、工业卫生、"三废"处理、综合利用等方面，采用先进技术，达到地方和国家标准。尤其应注意加强环境保护措施的设计和改进工作。三期市政民用工程采用新颖设计，讲究建筑艺术和风格，有较高标准，充分反映出时代风貌，彻底改变兵营式呆板模式。

在三期工程设计阶段，坚持以设计单位为主，以设备制造、施工、生产单位为辅的"四结合"体制和协作方式。

在整个设计过程中努力提高设计质量，尽量减少修改、失误和漏项，保证工程一投入就安全、持续、顺行；以设计工作高质量，确保三期工程建设高质量、高速度、高效益。

注意加强和充分发挥总体设计院（重庆院）的技术责任与技术协调作用。

指挥部颁发的《宝钢三期工程工厂设计统一技术规定》于1993年7月1日起实施。

2. 引进技术设备

一、二期工程均由外商技术总成，三期工程既有成套引进设备和技术，又有"点菜式"引进设备和技术，由自己技术总成。无论工厂设计，还是设备设计，一直到自动化设计等，完全由宝钢自行承担。通过技术总成，确保整个三期工程设计的先进性、完整性、合理性和可靠性。这是一个重大的突破。我们从国外引进了少量的技术和装备，大部分的设备采取合作设计、合作制造，而总体设计则由国内设计院来完成。三期设备总重301133吨，其中国内设备（含合作制造）241060吨，国产化率达80.05%，其中炼铁系统设备国产化率达92%。

另外，当时世界经济不景气，一些国家的厂商都想挤占中国这个大市场，宝钢三期引进的技术和装备将达20亿美元，这是笔大买卖，国外厂商们竞相争取。宝钢三期工程实施货比三家，择优择廉，在择优择廉中首先择优，在确保优质前提下争取合理价格，有利于掌握更多国外新技术，增加选择余地，通过竞争降低引进费用。

为保证宝钢三期引进的每套设备的每个单元都是世界先进水平，宝钢不希望以个体名义参赛，希望各国组成"国家队"，把最先进的技术和设备集中起来，然后参加竞争。比如1420毫米冷轧系统，精整机组由美国莱特尔公司为主制造；德马克和西马克联合体负责酸洗和冷轧联合机组；而电镀锡机组则由新日铁与安川电机等联合体制造。1550毫米冷轧系统更是如此，三菱和日立联合设计制造了酸洗冷轧机组；住友和川崎联合设计制造了电工钢连续退火涂层机组；电工钢精整机组的制造商则又是德国乔格公司了。

自1992年8月中旬，三期1580毫米热轧项目开始单项交流，到1998年8月28日1550毫米冷轧工程签约，整整6个年头，共进行技术交流251次，3183人次参加，进行技术谈判1244次，1712人次参加。宝钢先后与11个国家和地区约100家厂商签订234个引进技术和设备合同，合计金额20.35亿美元。

宝钢三期工程引进的主体设备，都是世界先进技术。一座4063立方米高炉和一座250吨转炉，可以炼出最好的铁水和钢水，从前道工序上保证终端产品的质量。1993年11月20日，宝钢三期工程第一个大型项目——1580毫米热轧带钢厂成套设备，这套投资8亿多元从日本引进的具有21世纪初期世界先进水平的轧机，可保证为后续的冷轧机组提供最优质的热轧板卷。同时宝钢上马两套世界最先进的冷轧设备——1420毫米冷轧机和1550毫米冷轧机，这两套投资超过130亿元的包括酸洗、连续退火涂层、电镀锡、热镀锌、电镀锌等最新技术的全数控轧机，可以轧出当今世界需要的各类型的冷轧板。宝钢的意图十分明显，那就是在利润最丰厚的冷轧板领域与国际列强进行决战。宝钢为了进一步加强管材竞争，上马150吨电炉和圆坯连铸技术，以保证石油工业用管和锅炉管走向世界。1994年3月，宝钢与法国克莱西姆公司签订三期工程150吨电炉成套设备合同，与意大利达涅利公司签订三期工程六流圆坯连铸成套设备合同。

宝钢三期工程引进合同普遍采用了宝钢首创的合作制造模式，即由卖方代表对"合作产品"承担技术质量和交货进度的责任；"合作产品"的价格由买方直接与各合作制造厂谈定；"合作产品"以人民币支付，但纳入主合同支付与支付条件范围；每笔款项在卖方代表出具付款确认书的前提下，由买方直接以人民币方式支付给合作制造厂。实践证明，这种合作制造模式是成功的。首先，这种合同关系促使外方不得不重视"合作产品"的质量和交货期，派遣足够的专家到合作制造厂解决设计问题和进行设备监造；其次，这种合同关系也给买方直接对合作制造设备的质量与进度进行跟踪、中间检查、验收和管理提供了方便。在宝钢三期工程引进合同中，合作制造的设备基本做到了按合同交付。

与宝钢一、二期工程相比，三期工程的设备合作制造有很大的不同，主要体现在：

（1）合作制造的范围扩大。三期工程合作制造设备约6万吨。随着国内机电行业制造能力的提高，原先需要引进的设备更多地转向了合作制造，既节约了外汇，又能进一步提高国内机械制造能力。以热轧为例，二期工程中，合作制造设备量为1.846万吨，占设备总量的29.6%；三期工程中，合作制造设备量为1.7163万吨，占设备总量的28%。

（2）合作制造设备的支付方式不同。二期工程为宝钢向外商支付外汇，外商在中国寻找合作伙伴，由外商向国内制造厂支付外汇。三期工程则改为合同责任仍由外商负责，但合作伙伴必须是宝钢推荐的制造厂，合作内容和价格也必须由宝钢确定，而且在外商进行支付确认的前提下，由宝钢用人民币向合作制造厂结算，这样就大大加强了宝钢对合作制造设备的管理。[①]

---

① 上海宝钢集团公司三期工程指挥部编：《宝钢工程引进合同管理》，冶金工业出版社2001年版，第97页。

3. 促成装备制造业跨越式发展

宝钢三期工程主要生产国内市场急需的轿车用镀锌板、电机制造用硅钢片和食品包装用镀锡板等高难度和高附加值的产品，对设备的质量和技术要求比二期工程还要高很多。因此，各制造企业为了向宝钢提供高质量的产品，不得不摒弃传统观念，努力提高装备水平、技术水平和管理水平。它们要么进口自动控制设备，要么建造现代化厂房，或者组织出国技术培训，或者重新制定质量标准，纷纷从管理、体制等各个方面进行改革。经过宝钢三期工程设备制造的锻炼，它们在设备设计、制造标准、制造工艺、产品质量和管理等方面都有了明显提高，装备水平发生了很大改变，从单机制造发展到成套先进设备的提供。亲身参与这一过程的原机械工业部副部长赵明生对宝钢工程充满感情，他说："宝钢为我们参与提供设备的机会，对提升机械制造企业生产技术水平和能力，起到了很大的帮助和促进作用；为我们培养并锻炼队伍搭建了一个大平台；为重机行业打翻身仗奠定了基础。我们提供的装备，在现代化大型钢铁企业的生产运行中受到了严格的考验。可以说，通过参与宝钢建设的一重、二重、大重、太重、上重等企业，都在较短的时间内得到了迅速发展和壮大。"原国家机械工业部副部长、总工程师陆燕荪更是由衷地感慨："对中国冶金设备的发展来说，宝钢是一个标志性的工程，具有里程碑的意义。宝钢三期工程的设备总重量为335万吨，除5.8万吨从国外引进外，其余全是由国内单独制造或合作制造，装备国产化率突破了80%，涉及中国所有的重型机械制造厂和上千家中小型制造厂。宝钢三期工程推动了中国装备制造业的跨越式发展，不仅满足了冶金行业的需要，而且走出了国门，这是宝钢对国家发展和社会进步的巨大贡献。"[①]

在三期工程建设中，宝钢努力追求集合世界冶金行业最先进技术，通过参与宝钢三期工程设备制造，我国冶金设备制造业的整体设计制造水平与发达国家的差距大为缩小。江泽民对此做出高度评价："宝钢三期工程充分体现了设备国产化的目标，国产化率大大提高，其中有些设备制造的装备水平填补了国内空白。"[②]

五、自筹资金，科学管理，确保顺利投产

宝钢三期工程建设如果沿用建设一、二期工程那样靠国家投资与贷款的办法是难以办到的。当时国家在发展国

---

① 中国宝武钢铁集团有限公司编著：《黎明与宝钢之路》，中信出版社2017年版，第29—30页。

② 《以持续全面创新不断提升国际竞争力——宝钢建设与发展二十三年调研》，中共中央党校出版社2001年版，第7页。

民经济建设中，普遍遇到的最突出矛盾就是资金短缺。国家投资在钢铁工业的资金，大部分投在宝钢建设上，第六个五年计划时期，国家安排给钢铁工业的投资主要用于宝钢一期工程和相应配套工程建设，为此缓建了一些大中型建设项目和一批单项工程；第七个五年计划时期，建设和投资的安排仍然是以宝钢为重点，宝钢二期工程在第七个五年计划中建设投资完成141.1亿元，连同一期工程收尾总共完成投资149.2亿元，占第七个五年计划全行业基本建设投资的49.5%。再要求国家投资建设宝钢三期工程是行不通的。有些企业认为：国家的钱已经集中花在宝钢一期工程上，老企业的改造因此被搁置。宝钢一期投产了，又来个二期，宝钢二期结束了，立马又来个三期，这不是抢它们的活路吗？为此，宝钢提出以自有资金来解决三期资金的办法，即使宝钢用的是自己的钱，由于占了冶金行业贷款指标，仍然遭到了同行的反对。于是，国家计委将宝钢三期工程单列在冶金系统之外，这样宝钢才得以上了三期。

《关于宝钢三期工程初步设计和总概算的批复》核定三期工程初步设计总概算投资为623.4亿元。其中国内建设费及两费358.33亿元，外汇21.87亿美元（折合人民币190.28亿元），引进技术设备两税74.79亿元。[1]

① 《宝钢志》编纂委员会编：《宝钢志（1993—1998）》，上海古籍出版社2000年版，第397页。

当时宝钢一、二期工程效益尚未充分显露，二期工程68亿元贷款尚未偿还清。宝钢解决三期工程建设资金的途径：首先，企业内部挖潜。一是将企业利润用于建设三期。1993年宝钢二期工程项目已经全部达到设计指标，1994年宝钢实现利税79.7亿元，1995年实现利税60亿元，创汇5.67亿美元。二是将设备折旧和大修基金用于建设三期。宝钢逐年提高一、二期工程设备折旧率和大修基金数额，1993年至1995年间平均每年提取折旧和大修基金50多亿元。其次，积极开拓金融业。建立银企合作关系、签订银企合作协议，成立宝钢集团财务公司、华宝信托投资公司等，确保三期工程建设引进技术设备的资金。还有，开展合理化建议活动和自主管理活动，1990年至2000年共提出合理化建议36.6万条，创效益16.39亿元，为三期工程建设自筹资金做出了贡献。

为实现投资控制，完善工程建设投资管理方法。其一，强化设计阶段的投资控制。在设计阶段，重视多方案选择，针对初步设计中盲目追求高标准的现象，指挥部严格把关，控制设计标准，加强整改，并在实施过程中进行跟踪管理。通过对钢渣处理方案的比较，节省投资近5000万元；对电炉厂址方案的比较，节省投资近1.1亿元。如发现钢结构油漆标准超过规定而造成投资超概算时，坚决把超标准部分降下来，节省投资5000万元。1993年3月1日，指挥部下达《关于宝钢三期工程各单元初步设计概算

实行计划值精度考核的通知》，规定各设计院编制的单元
工程施工图预算不得突破设计概算中建安费计划值，并制
定相应精度考核奖罚办法。其二，完善投资包干，继续推
行投资包干责任制。1995年10月宝钢工程指挥部下达《宝
钢三期厂区工程建安投资包干实施办法》，对投资控制实
行全过程管理。其三，逐步推行招投标制度，1997年2月
指挥部成立了招标领导小组，下设招标办公室，具体负责
建设项目全面推行招投标制度的组织实施和管理工作。
通过招标投标，中标合同价比概算建安投资评级降低5%
左右。其四，对设备费用严格控制，设备管理坚持和完
善"集中管理、分段负责、费用承包"的管理体制，引进
设备以"点菜式"为主，自主集成，国内设备择优择廉选
择制造商，并根据设计图纸审核国内设备总量，最大限度
地控制设备费用。三期工程引进设备压价率达33%。

　　通过动态和静态相结合的多维度投资管理，宝钢三期
工程实现了投资不超并有节余的预定目标，扣除物价指数
和汇率关税政策等因素，实际投资额比总概算节约了4%
以上。这标志着宝钢已经形成了自筹资金、自我发展的市
场化机制和能力，实现了有效控制投资的目的，保证了工
程建设所需资金的投入和合理使用。[1]

---

[1]　中国宝武钢铁集团有限公司编著：《黎明与宝钢之路》，中信出版集团
2017年版，第16页。

　　宝钢不仅依靠自身效益和实力来自筹资金建设三期工程，而且在工程设备管理上采用"集中管理、分段负责、费用包干"的方式，确保三期工程顺利投产。宝钢作为项目法人自始至终参与并决策，从设备选厂定点到货比三家，从谈定设备价格到设备制造过程实施跟踪协调，从设备出厂检验到设备运输，都由宝钢直接管理。在宝钢的统一组织领导下，根据三期各单元项目划分和工程管理需要，成立炼铁、炼钢等9个项目管理组，负责项目筹备到竣工投产全过程管理。加强以总进度管理为中心的工期控制，三期主体项目工期比一、二期同类项目缩短8—10个月，建设速度达到世界同类项目建设的先进水平。

　　在宝钢三期工程建设中，由于投资主体发生根本转变，"四结合"进一步贯穿工程建设的全过程、全方位、全系统，并在工程建设的不同阶段各有侧重。"四结合"的范围进一步扩大，以市场为纽带，以合同为基础，建立了规范的合作关系，进而以建设精品工程为载体，以实现双赢、多赢为共同目标，形成了稳固的长期合作伙伴关系。"四结合"的协作模式还加强和改善了国内设备制造单位与施工、生产和设计单位之间的关系，极大地促进了国内冶金行业设计能力与装备制造能力的同步发展。

　　以往钢铁企业扩建，通常是单独建新厂，老厂、新厂管理班子互相独立。这种做法不但增加了岗位定员，还在一定程度上影响了投产进度，降低了工作效率，不利于工程项目的生产准备。宝钢充分总结老钢铁企业扩建工程"一厂变两厂"的教训，在三期工程推出"老厂管新厂"的管理模式。就是新建一个与既有工厂同类（或类似）的工厂，依托既有老厂的人员、技术和经验，而不是另起炉灶建一个新的运营管理班子，由一期、二期老厂管理新厂，这在当时的钢铁业内是一个创举。老厂管理新厂，使老厂一分为二或一分为三，能够使宝钢三期工程尽快做好生产准备，尽快掌握新技术，尽快培训新员工，最大限度地精减人员，提高工作效率，把老厂的经验教训带到新厂。[①]

1993年12月23日，三期工程1580毫米热轧项目开始打桩，经设备制造、施工和生产人员全力奋战，至2000年三期工程除硅钢项目外全部建成。宝钢三期工程建成后，总规模达到年产1100多万吨钢，跻身于世界千万吨级大型现代化钢铁企业行列，综合竞争力进入世界一流，并将中国与世界钢铁业先进水平的差距缩短了20年。至2000年，宝钢已还清了全部贷款，并依靠自己的积累为国家新建了一个宝钢。

[①] 中国宝武钢铁集团有限公司编著：《黎明与宝钢之路》，中信出版集团2017年版，第25—26页。

六、以市场为导向，推动钢铁产品结构升级

20世纪70年代，我国钢材严重短缺，全国年均钢产量仅有2000多万吨；此外，由于历史原因，我国钢铁产品长期以来存在结构不合理状况，低档次的建筑用材比重过大，高档次的板管材比重太小。20世纪八九十年代国民经济急需的100个关键钢材品种中，国内产品有50%以上要么达不到质量要求，要么在数量上不能满足需要，50%以上关键钢材需要进口。宝钢坚持"替代进口"原则，以市场为导向，不断调整和优化产品结构，满足国民经济发展需求。

1. 坚持"替代进口"原则，生产高技术含量、高附加值产品

宝钢坚持"替代进口"原则，不生产"大路货"，把新产品开发的重点放在市场急需的、国内其他厂难以生产的、能替代进口的高技术含量、高附加值产品上。自1990年起，宝钢坚持每年拿出10%左右的产品出口。随着产品档次和产品质量的不断提升，宝钢参与国际市场竞争的能力日益提升。1994年，宝钢出口钢材首次突破100万吨。1993年到1998年，宝钢累计销售钢铁产品3486.26万吨，

实现销售收入1435.63亿元，出口696.54万吨，创汇34.92亿美元；销售化工产品129.28万吨，实现销售收入17.94亿元，出口5.89万吨，创汇1319万美元。用户遍及世界五大洲23个国家和地区，其中销往美国、日本、韩国等国家和地区的产品占出口总量的70%以上。

三期工程项目的相继投产使宝钢产品结构得到极大优化，产品质量跨入了世界一流行列，它使宝钢的产品不仅替代进口，而且每年还有20%左右的产品出口，产品甚至出口到了日本、韩国等世界钢铁强国。2000年，全国镀锡板的设计产量为150万吨，宝钢三期为40万吨，约占全国年产冷轧镀锡板的1/3，在40万吨冷轧镀锡板中，包括高深冲性能的易拉罐用镀锡板；在35万吨热镀锌板和25万吨电镀锌板中，包括高级轿车用镀锌板和冰箱面板用的高质量板材。三期177.5万吨冷轧板产品中，高质量、薄规格、多用途的板材超过80%。三期产能278.8万吨热轧板，有235.4万吨向三期冷轧和上海益昌薄板厂提供高精度优质冷轧热轧板，占热轧生产能力的84.4%。2000年宝钢出口商品坯材192.67万吨，"以产顶进"销售钢材92.42万吨，创汇8.8亿美元。三期工程各单元项目陆续建成投产后，逐步扩大了"双高"产品的生产及市场占有率。2000年，宝钢"双高"产品完成量为304.1万吨，"双高"产品的市场占有率为：汽车用钢60%，家电用钢25.4%，管线钢62%，集装箱用钢46.7%，镀锡板31%，比1999年有不同程度的提高。[①]

　　宝钢不断地生产出具有高技术含量、高附加值的汽车板、电工钢、家电板、厚板等一系列产品，促进了中国钢铁行业品种结构优化升级，填补了高档产品的诸多空白，改变了国民经济发展所需钢材严重依赖进口、受制于人的局面。

1993—1998年宝钢钢铁产品出口情况一览表

单位：吨

项目	总计	1993年	1994年	1995年	1996年	1997年	1998年
钢铁产品	6995435	398606	937370	1650393	1458258	1455806	1095002
钢锭	280	–	–	–	–	–	280
钢坯	2043113	61420	310276	743689	522658	170912	234158
无缝钢管	308510	6850	10525	44247	94557	85781	66550
焊管	62554	–	–	9892	11156	41506	–
冷轧产品	1413931	73034	235943	368573	254989	285277	196115
热轧产品	3037149	255095	340255	450672	538195	867498	585434
生铁	20347	–	10006	10341	–	–	–
线材	61370	–	–	22551	33065	3602	2152
铁丝	7101	2207	365	425	2568	1228	308
厚板	11158	–	–	–	1157	–	10001

资料来源　《宝钢志》编纂委员会编：《宝钢志（1993—1998）》，上海古籍出版社2000年版，第77页。

---

①　刘金龙：《宝钢三期工程效益透视》，载《冶金管理》2001年第11期。

2. 坚持以市场为导向，调整和优化产品结构

宝钢把品种、质量放在首位，特别是在宝钢二期工程投产后，宝钢产品在国内钢材市场上热销，供不应求。此时，宝钢认识到，中国钢铁产品从卖方市场转为买方市场已是大势所趋，面对这种发展趋势，宝钢不是仅仅满足于中低档产品的热销，而是大力推动技术创新与新产品开发，不断优化产品结构。从1993年开始，宝钢对生产的品种结构进行调整，重点增加高技术含量、高附加值产品生产。当我国钢材市场由卖方市场转为买方市场之后，有些钢铁企业由于产品结构不合理、中低档产品过多，产品滞销，处境艰难；而宝钢凭借开发的"双高"产品，产销两旺，供不应求，在激烈的国际竞争中体现出品种结构的优势。1993年10月，中国质量管理协会和冶金工业质量管理协会对全国11家大型钢铁企业的产品质量和服务质量进行了用户评价调查，宝钢的产品质量和服务质量均获第一，还获得了"全国用户满意企业"金牌。在1993年12月天津召开的全国钢材预拨订货会上，当时各个企业正处在资金非常紧张的时候，由于宏观经济形势变化，钢材市场突然出现疲软，全国大大小小的钢铁企业都到会场设点，推销产品。订货会上，不少企业的柜台冷冷清清，而宝钢的柜台却十分热闹。

宝钢生产经营坚持以市场为导向，定位于精品战略，

不断调整和优化产品结构。聚焦于发展以"汽车板、电工钢、不锈钢、石油天然气用钢、特殊高温合金钢"为代表的钢铁精品，形成有竞争力的战略产品群和精品基地。在质量技术上瞄准国际最先进技术，通过对工艺、装备和产品的进一步开发，发展高品质、高附加值的钢铁产品。在管理上，通过系统创新和对精品战略始终不懈的追求，实现了质量效益型集约式发展，有力推动了我国钢铁产业的结构升级，有效实现了替代进口和适量出口，增强了宝钢的核心竞争力。

到20世纪90年代末，X系列管线钢、石油管、造船板、造币钢、汽车用钢等11个系列产品实现替代进口，极大地拉动了相关上下游产业的发展，对我国汽车、机械制造、石油天然气、航空航天、造船、家电、桥梁、建筑等行业的发展提供了强有力的支撑，为实现我国产业结构的升级和优化做出了积极贡献。

宝钢代表产品的国内市场状况（1998年）

序号	品种	国内需求（万吨）	国内销量（万吨）	出口量（万吨）	销量合计（万吨）	国内市场占有率（%）
	总计	716.7	232.6	17.9	245.5	—
1	汽车用钢	133	55.7	–	–	41.9
	其中：热轧板	42	12.4	–	12.4	29.5
	冷轧板	86	40.8	–	40.8	47.4
	O5板	5	2.5	2.5	–	50

序号	品种	国内需求（万吨）	国内销量（万吨）	出口量（万吨）	销量合计（万吨）	国内市场占有率（%）
2	油井管	85	25.6	4.4	30	30.1
3	集装箱用钢	100	54.1	1.2	55.3	54.1
4	造船板	45	4.1	–	4.1	9.1
5	高压锅炉管	9	2.5	–	2.5	27.8
6	管线用钢	28.7	20.4	6.3	26.7	71.1
7	钢瓶钢	44	15.7	–	15.7	35.7
8	彩涂板卷	30	16.9	0.1	17	56.3
9	耐指纹板卷	7	3.2	–	3.2	45.7
10	电镀锌板卷	60	12.9	1.7	14.6	21.5
11	热镀锌板卷	100	13.7	1.7	15.4	13.7
12	镀锡板	75	7.8	–	7.8	10.4

资料来源　《宝钢志》编纂委员会编：《宝钢志（1993—1998）》，上海古籍出版社2000年版，第57页。

（1）1元硬币与宝钢造币钢。1980年，中国人民银行计划发行中国第一套1元硬币，任务下达到造币厂。造币厂根据造币钢"硬度高、纯度高、耐摩擦"的要求，找遍了国内各大钢厂也找不到合适的造币钢。看似普通的一枚硬币，却把几大钢厂难住了。因当时的实物质量都不过关，造币钢只能从国外进口。1991年6月，宝钢二期工程全面建成投产后终于有了自己的冷轧厂，宝钢立即组织攻关造币钢。从炼钢到轧钢，经过一系列试验，国产造币钢终于研制成功。1992年6月1日，中国人民银行用宝钢的造币钢发行了真正意义上的中国第一套1元硬币。这是中国第一次用自己冶炼的钢水、轧制的钢材造出的1元硬币。随着宝钢造币钢的冶炼、轧制技术日趋成熟，中国人民银行决定1元硬币所需的造币钢由宝钢独家生产。

（2）攻关"05"板。汽车的脸面是"05"板。"05"板是德国对高档汽车面板确定的国家标准代号，这种冷轧板主要用于冲压高级轿车门、盖及外壳，其深冲性能和表面光洁度要求极高，钢板表面不允许有任何微小锈斑或印痕。这种产品，世界上只有极少数几个发达国家才能生产。20世纪80年代后期，中国轿车制造业迅速起飞，继"上海-桑塔纳"之后，"广州-标致""一汽-奥迪"等生产线相继引进并逐步投产，这些现代车型的外壳用材，均需进口"05"板，外汇用量太大了。宝钢将汽车板确定为首个战略产品，从20世纪80年代起步，十年磨一剑，成功研制出轿车用汽车板。1990年6月18日，宝钢攻关"05"板取得成功后，上海大众汽车制造厂开始使用国产"05"板，不久成为宝钢"05"汽车板的主要用户。

1996年5月至6月和7月至8月，上海大众汽车制造厂连续两次在双月订货中没有订购宝钢"05"板，而是改用进口板，宝钢几乎丢掉了上海大众这个市场。这让宝钢意识到：凭借技术、装备、人才、资源的优势，大力开发人无我有的"双高"产品，走精品之路，才是宝钢的成功之路，要把提高"O5"板质量作为决定企业生死攸关的重要任务来对待。1996年年底，宝钢重新赢得上海大众用户的认可，找回了失去的市场。

宝钢自生产出合格的汽车面板以后，跟踪世界潮流，在工艺、技术上不断创新。1999年12月中旬，宝钢收到了英国BSI（英国标准协会）颁发的QS 9000证书。QS 9000是美国通用、福特、克莱斯勒三大著名汽车公司制定的一项汽车原材料供货等方面的标准，宝钢汽车板获得了世界通行证。由于有了QS 9000认证，宝钢的"O5"板开始走向世界。2001年8月，从意大利传来喜讯，宝钢首批750吨"O5"板出口意大利菲亚特汽车制造公司，菲亚特汽车制造公司专家称"质量之好令人惊讶"。菲亚特汽车制造公司是世界六大汽车制造公司之一，也是最挑剔的用户之一，他们的认可为宝钢产品登陆欧洲开辟了一条通道。

（3）高等级管线钢。20世纪90年代，在世界发达国家，油气的管线运输成为继公路、铁路、航空之后的第四大运输手段。由于应用领域的运输安全要求极高，因此其对管线钢制造要求非常苛刻。当时，国际高等级管线钢市场由日本、韩国等国的极少数钢铁企业把持，国内生产的

管线钢只能用于低压输送。为了打破高等级管线钢的国外
垄断，满足国内油气输送工程需求，1990年，宝钢开始
自主研发X系列高等级管线钢。1995年，宝钢生产的高等
级管线钢首次实现了大规模替代进口。2007年，继新日
铁、住友和欧洲钢管之后，宝钢成为世界第四家成功试制
X120管线钢的企业。宝钢的高等级管线钢不仅广泛应用
于我国西气东输等输油气管线工程，而且在印度、苏丹、
土耳其等多个国家的重大工程中中标。

（4）镀锡板。制作易拉罐的板材就是镀锡板。其厚
度在0.2毫米左右，被称为冶金产品中的"特级精品"，
只有少数几个国家能够生产。由于其对钢质的纯净度、
耐腐蚀性、超深冲性能，以及对钢板性能的均匀性、表面
尺寸精度和板型等要求极为严格，几十年来在我国一直
是空白。如此超薄的整块钢板被模型一次冲压成罐状，
这么多的变形曲线，所有的棱槽处不能有丝毫的微纹——
稍有微纹，内装的液体就会侵蚀生锈。这对钢铁的纯净
要求已臻极限。如此精品钢铁的价格定然不菲——每吨
700元左右。我国每年进口镀锡板（即马口铁）的数量都
在40万吨左右。1998年3月，宝钢提出要自己制作镀锡
板。1998年5月轧出了第一卷合格的镀锡板。宝钢镀锡
板从此开始大批量生产，国产易拉罐从此走进了国人的
生活。

七、建立与市场经济相适应的企业经营机制

宝钢一、二期工程建成投产之时，正是中国改革开放进入社会主义市场经济的关键时期。1992年党的十四大明确了国家经济体制改革的目标，要由高度集中的计划经济体制向社会主义市场经济体制转变。1993年11月，中共十四届三中全会通过了《中共中央关于建立社会主义市场经济体制若干问题的决议》，制定了建立社会主义市场经济体制的行动纲领。提出要建立适应市场经济要求，产权清晰、权责明确、政企分开、管理科学的现代企业制度。国有企业改革的中心任务转向了建立现代企业制度。只有切实抓好国有企业改革，才能真正建立起社会主义市场经济体制。

随着我国经济体制由计划经济向社会主义市场经济转变，1992年扩大企业自主权，1994年转换企业经营管理体制，1997年开始政企分离，2000年建立现代企业制度，等等。在计划经济体制向社会主义市场经济体制转轨的过程中，宝钢以市场为导向，以用户为中心，在国有企业如何适应市场经济方面做出了一系列重要决策，成功实现了从传统的计划经济管理体制向社会主义市场经济下的现代化生产经营体制的转型。

1992年，宝钢被国家确定为第一批大型企业集团试点单位。1993年4月17日，宝山钢铁联合集团公司改名为宝钢集团上海联合公司，7月15日，经国家体制改革委员会、全国经济贸易委员会批准，上海宝山钢铁总厂更名为宝山钢铁（集团）公司，上海宝山钢铁总厂工程指挥部同时改称为上海宝钢工程指挥部。1993年被批准成立宝钢集团国际经济贸易总公司。此后，宝钢的国家指令性计划比例逐年下降，到1995年降为37%，并获得了指令性计划以外的产品的定价权、自制产品的出口权。宝钢的管理逐步由单一生产型向生产经营型转变，管理的重心由生产管理向生产经营管理转变，增强了市场观念、效率观念和效益观念，致力于提高各种生产要素的利用程度和高附加值产品的比例。

第一，宝钢生产经营坚持以市场为导向，不断调整和优化产品结构，主动推行"用户满意工程"，视用户即市场，视用户标准即质量标准，视用户合同即法律，要百分之百地按合同规定的质量、数量、价格和交货期交货，还千方百计为用户着想，为用户服务，与用户共同开发新产品，生产用户需要而不易生产的高难度产品。1995年与1989年相比，宝钢按国际水平标准生产的钢材比重由78.24%上升到99.53%，高技术含量、高附加值产品比重由20%上升到54%。

第二，改革企业内部管理，改革企业内部体制，推行主辅分离，放开辅助，搞活辅助，创造新的经济增长点，从而大大提高了资源利用率和劳动生产率。加强预算管理、资金管理、成本管理，提高企业经营效益，打破八级工资制，实行岗位薪级工资，在全国率先试点"五天工作制"。裁定人员，提高效率。一期工程投产后的1985年，就核实定员，开始大刀阔斧地削减人员。随着宝钢二、三期工程结束，岗位越来越多人员却越来越少。1990年19732人，1993年19519人（含二期工程后增加的定员），2000年14255人（含三期工程后增加的定员）。1993年，人均产钢296吨；1997年，人均产钢733.5吨；2000年，人均产钢793吨。1995年与1989年相比，人均产钢由151吨上升为650吨，达到世界一流水平。

1986—1998年宝钢人均钢产量及全员劳动生产率增长情况

年份	1986	1988	1990	1992	1993	1994	1996	1997	1998
人均产钢（吨钢/人·年）	102	139	167	218	296	438	655	733.5	680
全员劳动生产率（万元/人·年）	11.4	14.7	20.4	40.3	59.6	69.5	87.1	112.5	129

进入20世纪90年代后，宝钢开始由单一生产型向生产经营型、资本经营型转变，管理重心由生产管理转向财务管理，而财务管理又以资金管理为中心，在继续搞好生产

经营的基础上增强了资本经营观念。宝钢自1993年开始追求资金净流量，把企业目标由实现利税转向经营贡献，包括应缴税款、社会公益费和资金净流量等三部分，表示在一个会计年度内企业经营对国家、社会和企业所做的贡献。与此同时，传统的计划管理与财务管理已无法控制各部门按企业总体目标来实施经营管理，全面实行预算管理，以现金流量和费用控制为中心，贯穿经营全过程，进而建立起包括资本、预算、会计、成本、资金等方面在内的，适应生产经营、资本经营的新财会机制。据1992年至1995年统计，宝钢销售收入由118亿元增加到254亿元，资金净流量由50多亿元增加到85亿元，钢产量由651万吨增加到823万吨，实现利润由10.5亿元增加到39亿元，每人每年产钢由200吨左右增加到650吨，已达到世界一流水平。这样一来，国家可以比较全面地考核企业的经营效果，促使企业真正以经济效益为中心，而企业管理则要转到以财务为中心的轨道上来。

加入世界贸易组织后，宝钢以满足用户需求为企业经营管理的出发点，并以此主导企业的资源配置，确立了以满足用户需求为中心，对外充分适应、快速响应，对内高效沟通、快速决策的管理理念。一方面，严格按现代企业制度运作，从而使国有企业同样可以在全球化的市场竞争中出类拔萃；另一方面，面向用户，以提升竞争力为中心，通过实施ESI工程、实施"面向用户"的系列营销举措、构建以用户需求为导向的技术创新体系、推行六西格玛精益运营、优化战略管理体系、实施以人为本的人才策略、倡导价值理念、追求价值最大化、培育创新型强势文化等一系列管理创举，提高企业的运行效率。持续的管理创新，使宝钢很好地保持了竞争活力。

宝钢是诞生在特殊年代的巨型钢铁厂，也踏着中国企业改革的每一个脚印，从工厂制向公司制转变，从单一的钢铁企业向以钢铁为主的多元化、国际化经营的企业集团转变；宝钢管理也在不断创新，在继承生产型管理模式科学内涵的基础上，创建了生产经营型管理模式；又在继承生产经营型管理模式科学内涵的基础上，开始创建资本经营型管理模式。

八、突破瓶颈，重组上海钢铁，建设马迹山深水港

1. 重组上海钢铁

钢铁工业企业同其他国有企业一样面临着从计划经济向市场经济转轨的各种考验。1993年、1994年钢材市场经受供大于求、市场疲软和"三角债"困扰，随着国内卖方市场转变为买方市场及市场化程度的进一步提升，钢

铁工业国有企业面临形势愈加严峻。特别是1997年7月亚洲金融危机爆发后，中国出现了需求不足、市场疲软的局面，使得钢铁工业利润总额和销售利润率分别从1995年的113.5亿元、3.9%，下降到1996年的44.1亿元、1.5%和1997年的10.4亿元、0.3%。1997年，党的十五大提出了"三年脱困"的目标，即从1998年开始到2000年3年内，使国有及国有控股大中型亏损企业扭亏为盈，基本脱困。为此，冶金行业加大了联合改造的力度。

在这样的背景下，宝钢再新建钢厂的机会越来越少，宝钢在国内的规模扩张将更多地借助于中国钢铁业的兼并重组。1998年，以宝钢为主体，吸收上海冶金控股公司和梅山集团冶金公司联合重组为上海宝钢集团公司。

联合重组之前，上海地区的钢铁企业主要有3家。除宝钢外，还有两家分别是：上海冶金控股公司，管理一钢、二钢、浦钢、五钢等企业；上海梅山集团冶金公司，管理钢铁企业和矿山企业。这两家企业都属于上海市地方企业，但又是完全独立的两家企业。当时上海地区存在两大难题：一是重复建设问题，二是淘汰落后产能问题。两家钢铁企业都是自成体系，各搞各的，产品结构不尽合理，已建成和规划建设的项目中，有不少属于低水平的重复建设。在没有联合前，在不同隶属关系条块分割状态下的企业存在着种种的弊病，一个企业从自身出发，为了发挥最大的潜力，考虑上一些项目或配套上一些项目都是合理的。但从一个地区的角度，从国家整体利益的角度出发，这些项目又是重复的，不合理的。对上海地区3家钢铁企业的联合，过去曾有过多次的意向，1992年国务院还专门发过关于上海地区钢铁企业联合的会议纪要，但是由于种种原因，始终难以实现，直到党的十五大报告中，对我国大企业集团的发展做了精辟的论述："要着眼于搞好整个国有经济，抓好大的，放活小的，对国有企业实施战略性改组。以资本为纽带，通过市场形成具有较强竞争力的跨地区、跨行业、跨所有制和跨国经营的大企业集团。"这为我国钢铁工业的产业结构调整指明了发展方向。

中共十五大期间，中央领导听取了上海市和宝钢关于联合问题的专题汇报。随后派出调查组对上海地区钢铁企业联合问题进行调研，专门召集国务院有关部委领导、上海市领导，以及宝钢、上钢的同志开会研究联合问题，并发了会议纪要，确定成立联合筹备组。联合筹备组成立后立即投入紧张的工作，很快完成了集团公司组建方案和公司章程的制定和上报。1998年11月13日，国务院下发了《关于组建上海宝钢集团公司有关问题的批复》。11月17日，宝钢与上海冶金控股公司、上海梅山集团冶金公司联合重组，组建成立上海宝钢集团公司。

　　三钢联合，有利于专业化生产，防止重复建设，促进资源的合理配置，改变工艺落后、装备落后和布局分散的局面。国家要求把上海建成中国钢铁的精品基地，树立一个不搞扩大产量、不搞填平补齐，关键是运用高新技术开发精新品种的样板。在此原则指导下，宝钢制定了上海地区钢铁业发展规划纲要，着力于调整钢铁产品结构、优化重组；致力于技术创新，建成钢铁精品基地，促使整个集团的钢铁产业结构升级。宝钢与上海地区钢铁企业实现联合重组，按照"六统一"原则，规划建设六大钢铁精品基地，形成普碳钢、不锈钢、特钢三大产品制造体系。

　　上海冶金所属的几家主要钢铁企业亏损情况较为严重。如一钢：1998年度账面亏损1791万元，实际经营亏损4035万元；浦钢：1998年度账面实现利润2537万元，实际经营亏损9.68亿元；五钢：1998年度账面实现利润5028万元，实际经营亏损16亿元；梅山公司1998年度铁前系统虽然实现经营利润4971万元，热轧项目实际亏损达到1.5亿元。老企业脱困主要靠输血还是靠造血？要造血，就要练内功、抓管理，大力推进现代化企业管理，并扎扎实实学邯钢，降成本。为更好地帮助老企业扭亏脱困，集团公司统一制定了帮助老企业摆脱困境的目标，即到2000年年底使95%以上的子公司实现扭亏为盈。

　　宝钢与上钢的联合是典型的新老企业联合。一个是低成本扩张，另一个是加快改造发展，保持品质优势。宝钢是20世纪80年代建立的现代化企业，具有起点高、设备好、工艺和管理先进的优势，积聚了发展潜力。但靠自我滚动式发展进入世界500强企业和增强综合实力，速度太慢。上钢是20世纪50年代建设的老企业，多年来在计划经济时代为国家做过贡献，在市场经济条件下，要克服生产工艺落后、设备老化、负债率高、人员包袱重等种种困难，也急需联合发展。因此，这种新老企业的联合重组在国企改革中极具代表性。

宝钢与上钢联合后，上钢要怎么活下去，人要怎么安置，怎么做产业结构调整，怎么做资金募集，这些都是问题。实事求是地说，宝钢不能脱离中国的国情。这堂国情课让宝钢付出了很多，但是在发展、稳定上，也让宝钢在管理层面收获了很多。比如重组，宝钢当时只有2万人，要解决上钢一厂到十厂约20万钢铁工人的就业问题，过程是非常困难的。宝钢将原来的老厂重组，有的专门去做不锈钢，有的改去生产板材，有的去生产线材如钢丝帘线，等等，逐渐把老钢铁企业进行彻底改造，这是非常成功的案例。过去宝钢走的是精品道路，任务很简单：掌握新技术，干出好产品。1998年宝钢和上钢联合重组以后，原有的轨迹发生了变化。

2. 建设马迹山深水港

作为国内首家不是将生产基地建在铁矿附近的钢铁企业，宝钢所需的铁矿石基本依靠进口，因此，宝钢的发展与港口关系密切。然而，当时国内港口的接卸能力非常有限，作为宝钢铁矿石运输主要中转站的宁波北仑港，存在规模不够大、无法停靠大吨位货轮、进港等待时间过长等问题。宝钢二期工程投产后，每年要从澳大利亚、巴西等国进口数以千万吨计的铁矿石，加之宝钢已在进行三期工程建设的准备工作，规模还要扩大，依据海运成本核算，采用25万—30万吨级超大型船舶运输铁矿石比较经济。针对这样的情况，1991年，宝钢做出了"建设宝钢专用的矿石中转深水港"的决策。

1992年宝钢开始选址规划，黎明等宝钢领导与技术专家先后到浙江岱山、绿华山、嵊泗等地进行考察。同年5月，宝钢开始组织中交第三航务工程勘察设计院、长江航道规划设计院等单位进行选址规划，对多个港址条件进行比较，从水文气象条件、航道及超大型船舶靠离泊条件、陆域形成和建造矿石堆场的条件、二程船运距离，以及供水、供电、通信等城市依托条件等方面，进行综合经济技术分析、论证后，认为浙江嵊泗县马迹山岛有-25米水深的天然航道，锚地条件优越，而且距离国际航线近，能较好满足25万—30万吨级船舶进港需要，岛的南侧处于深槽边缘，水域开阔，冲淤基本平衡，港区三面有山体掩护，且距宝钢较近，二程运输费用少于其他港址。于是，宝钢决心建设规模为年吞吐量2000万吨的马迹山矿石中转港。1995年，国家同意宝钢在浙江省舟山市嵊泗县建设25万吨级马迹山深水港作为三期配套项目。1996年2月28日，马迹山港卸船码头工程打下第一根钢管桩；1997年12月3日，因外部条件影响第一次停工；1998年3月9日，因有关部门提出尚需对工程进行研究、论证，第二次停工；1999年7月16日，国务院总理办公会要求重新论证建港的必要性，第三次停工；2000年6月，国家同意恢复马迹山港按简易投产原则建成，规模压缩至1000万吨，投资从23.4亿元压缩至13亿元；2001年10月25日，马迹山港1号卸料机从安宁9号船上成功进行铁矿粉卸料作业，标志着马迹山港负荷试车一次成功。从1992年宝钢开始选址规划，到2002年12月21日马迹山港通过国家竣工验收正式开港，历时10年。

截至2006年1月，宝钢马迹山港一期投产以来已接卸外轮461艘，其中成功接靠30万吨以上货轮10艘，累计完成吞吐量8074万吨，单机装卸效率等多项指标达到世界先进水平，并确立了世界安全港的地位。

马迹山港一期建成后，使超大型运矿船舶与国际深水航道衔接，马迹山至巴西、秘鲁、加拿大、委内瑞拉、澳大利亚等国家和地区的航线得以开通，年吞吐量达2000万吨。码头前沿水深达-26米，可停靠25万—30万吨的超大型矿石船，料场储矿能力达108万吨。2007年，马迹山港二期工程建成投产，年吞吐量达到5000万吨，成为当时世界上最大的矿石中转深水码头。马迹山港的建成，不仅保障了宝钢的铁矿石供应，降低了运输成本，而且还为国内沿海沿江的许多钢铁公司提供铁矿石运输服务，创造了可观的经济效益和社会效益。马迹山港的建设，对宝钢乃至我国冶金行业降低铁矿石进口成本具有极其重要的战略意义。马迹山港的建成是我国外海深水港建设的成功典范，为后来的上海国际航运中心洋山深水枢纽港建设积累了宝贵经验。

后话：21 世纪以来宝钢的发展

1978年12月23日，在中共十一届三中全会公报发表的同一天，上海宝山钢铁总厂举行开工典礼，宝钢工程建设历经22年，分三期进行，至2000年6月全部建成投产。宝钢的建设和发展，促进了中国钢铁行业品种结构优化升级，大幅度提升了钢铁制造生产工艺的技术水平，整体上缩短了中国与世界钢铁行业先进水平的差距，填补了高端钢铁产品的诸多空白，提高了国内钢铁产品的供给能力，明显缓解了国内紧缺钢材的供需矛盾，有力地支持了我国加工制造业的发展，大力推动了国内冶金及装备工业的发展。

进入21世纪以来，在国内重化工业的发展产生巨大市场需求的带动下，以及出口扩大的拉动下，钢铁工业再次得到迅猛发展。与此同时，重复建设、盲目投资的问题愈加严峻，产能过剩问题日益凸显。特别是2008年世界金融危机爆发后，出口萎缩且国内钢材市场需求显著下降，钢铁工业出现全行业亏损的局面。中国钢铁工业从供给不足转变成产能过剩，从而产生的环境问题也愈加凸显。同时，中国钢铁工业原料的对外依赖程度越来越高，产业集中度相对下降，钢铁工业转变发展方式任重道远。在科学发展观指导下，党中央、国务院审时度势，果断决策，提出提高钢铁行业准入标准，加大节能减排和淘汰落后产能力度，加快钢铁工业结构调整，积极推进企业兼并重组，提高产业集中度等措施，来促使钢铁工业健康发展。

一方面，面临钢铁工业大起大落的发展态势，宝钢坚持走精品之路，以科技创新为原动力，从学习模仿到自主创新，从跟随到引领，不断地生产出具有高技术含量、高附加值的汽车板、电工钢、厚板、特钢等一系列产品，改变了中国制造业发展所需钢材严重依赖进口、受制于人的局面。

另一方面，从全球并购重组周期、钢铁产业内在规律和企业发展需求角度看，推进我国钢铁企业兼并重组是大势所趋。2005年7月，发展改革委出台《钢铁产业发展政策》，支持钢铁企业通过强强联合、兼并重组、互相持股等方式进行战略重组。2006年，世界上最大的两家钢铁企业——安赛乐和米塔尔合并，全球钢铁业的竞争出现了新格局。宝钢意识到，全球钢铁业已经进入了"规模竞争时代"。为了适应外部环境变化要求，宝钢适时调整发展理念，2007年8月，宝钢提出了新一轮发展战略，明确了基本战略思想：围绕"规模扩张"的未来发展主线，实现从"精品战略"向"精品+规模战略"转变和从"以新建为主"到"兼并重组与新建相结合"的扩张方式的转变，积极淘汰落后产能，兼并重组，投入到中国钢铁工业调整重组的浪潮中。2007年4月，宝钢成功重组新疆八一钢厂，这是国内钢铁业第一个取得实质性进展的跨地域资产重组案例，拉开了跨地域战略重组的序幕。宝钢作为行业领头羊，切实落实科学发展观，贯彻国家《钢铁产业发展政策》，不断推进淘汰落后产能和兼并重组工作，带动行业共同进步。2008年，与广钢、韶钢重组，成立广东钢铁，在淘汰落后产能的同时积极筹建湛江钢铁基地；2009年3月，宝钢收购了宁波钢铁有限公司；2010年12月9日，宝钢与福建吴钢集团有限公司签署了重组福建德盛镍业有限公司的协议，重组的德盛镍业改称宝钢德盛不锈钢有限公司。

与此同时，在钢铁主业利润率持续受到挤压的条件下，宝钢主动布局发展多元产业组合，增强钢铁产业链的竞争优势，规避生产经营风险，提高利润率。宝钢的多元产业发展为企业渡过难关发挥了至关重要的作用。"十一五"期间，宝钢已经基本形成了以旗舰公司为核心的多元产业集群发展方式，促进了产业板块内部的协同高效运作。各多元产业板块积极创新发展模式，引进外部资本和技术，扩展外部市场，实现了规模扩张和效益提升。同时，宝钢多元产业的发展出现了从集团内生型向市场型转变的特点，多个业务板块的集团外业务收入超过了集团内业务，盈利结构也发生了本质的变化。2010年，宝钢六大多元业务板块营业收入占到集团营业总收入的27%，实现利润占集团利润总额的22%。

2012—2018年宝钢钢铁主业经营情况表

年份	2012	2013	2014	2015	2016	2017	2018
营业收入（亿元）	2378	2474.8	2407	1843.7	1772.1	3459	3712.5
利润总额（亿元）	22.7	60.9	37.5	-84.5	77.12	142.2	301.14
员工数（人）	92231	91194	96789	88318	83950	110026	108581

数据来源：《宝钢社会责任报告》《中国宝武钢铁集团有限公司社会责任报告》。

但是随着中国经济实力的进一步提升和工业化进程的加速，中国经济发展面临的资源和环境约束问题越来越突出，而钢铁工业因产业结构处于低端所具有的"三高一低"问题也在快速扩张中越来越难以为继，钢铁业遭受双重挤压，一边是"微利"和"亏损"，一边则是更加令人头疼的"高污染"。随着《钢铁工业"十二五"发展规划》进入实施阶段，各省区市钢铁工业的结构调整已经拉开序幕。

2012年以来，一方面，宝钢采取等量置换的办法建设湛江钢铁基地，经历了三次大型的兼并重组，包括宝武合并、重组马钢以及对重庆钢铁实质控制。2019年中国宝武粗钢产量达到9522万吨，超过了安赛乐米塔尔，成为世界第一，这是中国宝武历史上的一个重要节点。另一方面，面临中国钢铁工业产能过剩的困境，积极推进钢铁行业供给侧结构性改革，努力化解过剩产能。

2016年是中国供给侧结构性改革起始之年，中国钢铁行业执行党中央、国务院供给侧结构性改革的战略部署，率先进行了以化解产能为突破口的供给侧结构性改革。2016年2月，国务院印发《关于钢铁行业化解过剩产能实现脱困发展的意见》，明确提出从2016年开始，用5年时间再压减粗钢产能1亿—1.5亿吨。工业和信息化部印发《关于钢铁工业调整升级规划（2016—2020年）的通知》，指出到2020年，钢铁工业供给侧结构性改革取得重大进展，实现全行业根本性脱困；产能过剩矛盾得到有效缓解，粗钢产能净减少1亿—1.5亿吨。按照国务院国资委的批复，宝武集团需要化解过剩产能1542万吨，约占宝武集团钢铁总产能的17%。宝武集团积极推进钢铁行业供给侧结构性改革，努力化解过剩产能。2016年即改革推行的第一年，宝武集团根据化解过剩产能目标责任书，结合自身产业布局优化，全年合计压减钢铁产能997万吨，完成3年化解目标任务的64.65%，其中宝钢完成555万吨，武钢完成442万吨；2017年7月底又完成545万吨。2017年10月，通过国务院国资委的验收，三年目标两年完成。

历经40余年创新发展，宝钢已基本建成我国现代化程度最高、工艺技术最先进、生产规模最大的钢铁工业精品基地，成为我国创新能力最强的钢铁工业新工艺、新技术、新材料研发基地。2016年宝钢和武钢联合重组成立中国宝武钢铁集团，2019年重组马钢，产能规模接近1亿吨，成为我国钢铁行业的"航母"。从宝钢到中国宝武，40多年来，在国内外激烈的市场竞争中坚持改革创新，不断提升企业活力，带动了中国钢铁工业做大做强，增强了中国特色钢铁业现代化发展的道路自信，闯出了一条我国制造业中央企业做大做强的成功之路，其创业历程和成功实践也见证着中国的改革开放之路，为我国改革开放国策的正确性提供了经得起时代考验的历史证明。当今世界正面临百年未有之大变局，钢铁材料仍然是不可完全替代的工业基础原材料，钢铁工业仍然是世界经济发展不可或缺的支撑产业。中国经济由高速增长阶段转向高质量发展阶段，钢铁行业也面临转型升级的挑战，中国钢铁行业必须走出一条具有中国特色社会主义的智慧化升级、绿色化转型、国际化发展的钢铁发展新路。中国宝武作为国内龙头企业，在产业重组、技术进步、结构优化等领域，引领行业转型升级的任务比以往更为艰巨，也更富有挑战。